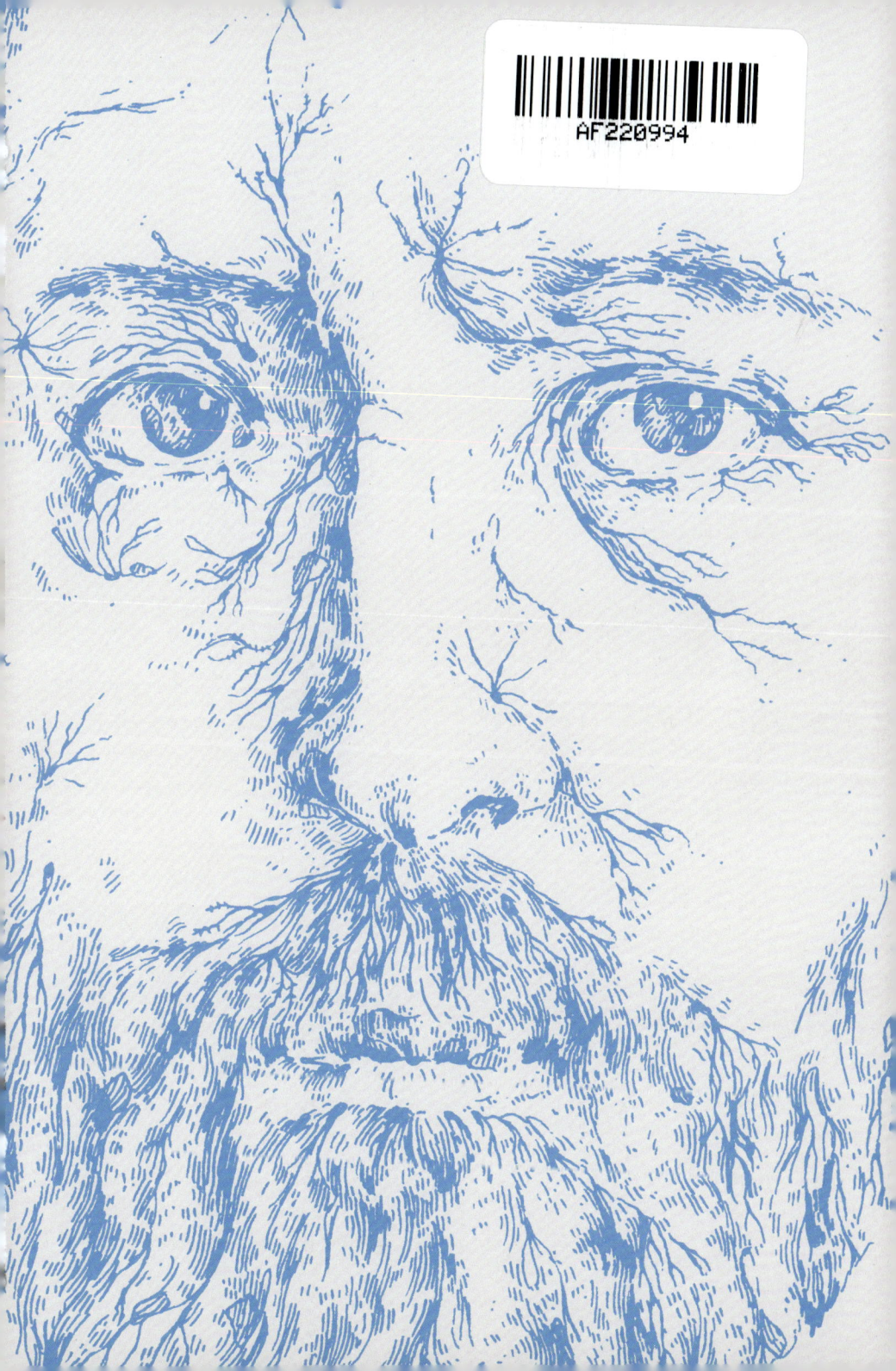

RAMÓN y CAJAL

EN SU ALMA MATER

Santiago Ramón y Cajal, Premio Nobel de Medicina en 1906, estudió la carrera de Medicina en la Universidad de Zaragoza y ocupó diferentes cargos durante varios años en la que denominó repetidas veces su «venerada *alma mater*».

Cajal no solo ha sido el mayor científico español de la historia, sino uno de los grandes de la ciencia universal de todos los tiempos, de la talla de Darwin, Curie o Einstein. Hoy sigue siendo un científico vivo, y por eso sus trabajos continúan citándose recurrentemente.

Hombre polifacético, cultivó además en grado de excelencia el dibujo y la pintura, la escritura de relatos o ensayos no científicos y, por supuesto, la fotografía, en la que innovó. Fue, por último, alguien comprometido con su tiempo y su circunstancia, un patriota en el sentido más noble de la palabra, dispuesto a enderezar España. Y siempre estuvo orgulloso de considerarse, como él mismo escribió, «un hijo de Aragón».

La Universidad de Zaragoza, orgullosa de su más distinguido alumno, no tardó en mostrar su reconocimiento y admiración a Cajal. Con motivo de su jubilación, a iniciativa del rector Ricardo Royo Villanova, se encargó a Mariano Benlliure la magnífica estatua que preside el Paraninfo y que fue inaugurada en 1925 por Alfonso XIII.

Reivindicar la personalidad más relevante que ha pasado por nuestras aulas y trasladar su figura y su obra a toda la sociedad ha sido uno de los objetivos del Vicerrectorado de Cultura y Proyección Social, que ha configurado el **Proyecto CAJAL**. En 2019, cuando se cumplían 150 años del inicio de los estudios de Cajal en la Universidad de Zaragoza, se organizó una gran exposición que prestó especial atención a los orígenes de la familia Cajal, su infancia y juventud, a los vínculos con su universidad, a sus logros científicos y a su Escuela. Asimismo, comenzaron las **Lecciones Cajal,** de carácter anual, con importantes científicos de talla mundial. El amor de Cajal a su *alma mater* lo dejó patente en su testamento, donde distinguió a su universidad con una parte de su herencia para apoyar a investigadores jóvenes. **La Cátedra Cajal** ha querido recuperar esta iniciativa y lanza convocatorias de ayudas a investigadores que presentan proyectos punteros y competitivos. En 2023 vio la luz el libro *Santiago Ramón y Cajal. El hombre, el científico, el intelectual,* editado por la Universidad, y el presente **Espacio Cajal**, de carácter permanente, en honor a nuestro Premio Nobel y que representa la proyección a futuro del Proyecto Cajal de la Universidad de Zaragoza, en torno al que se configuran otras muestras expositivas como «Aragón en los ojos de Cajal» o proyectos trasversales dedicados a las figuras más destacadas de su Escuela.

1852

El 1 de mayo nace Santiago Felipe Ramón y Cajal en Petilla de Aragón, hijo de Justo Ramón y de Antonia Cajal. Su padre, natural de Larrés, se había desplazado allí como cirujano en septiembre de 1849.

RAMÓN Y CAJAL, UNA FAMILIA ARAGONESA

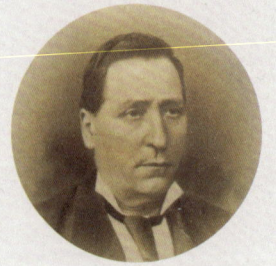

1849

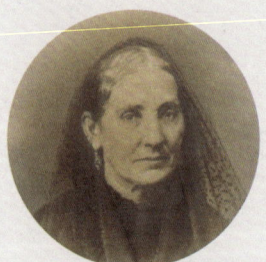

Justo Ramón Casasús
1822-1903
Larrés

Antonia Cajal Puente
1819-1898
Larrés

Los Ramón y Cajal son una familia aragonesa. Sus padres nacieron en el seno de familias sin horizontes, en la localidad oscense de Larrés. Don Justo Ramón, su padre, pastoreó, trabajó en el campo y fue mancebo. Era analfabeto, aprendió a leer y escribir de forma autodidacta y tuvo una gran ambición, ser médico. Se desplazó a pie a Barcelona para concluir sus estudios de cirujano de 2.ª clase y de regreso a Larrés entabló relaciones con doña Antonia Cajal. Una vez conseguido empleo en la cercana villa de Petilla de Aragón, se casaron y tuvieron a su primer hijo. Santiago Felipe Ramón Cajal nació el 1 de mayo de 1852 y su infancia y juventud transcurrieron en diversas localidades aragonesas, siguiendo los traslados profesionales de su padre y sus propios estudios.

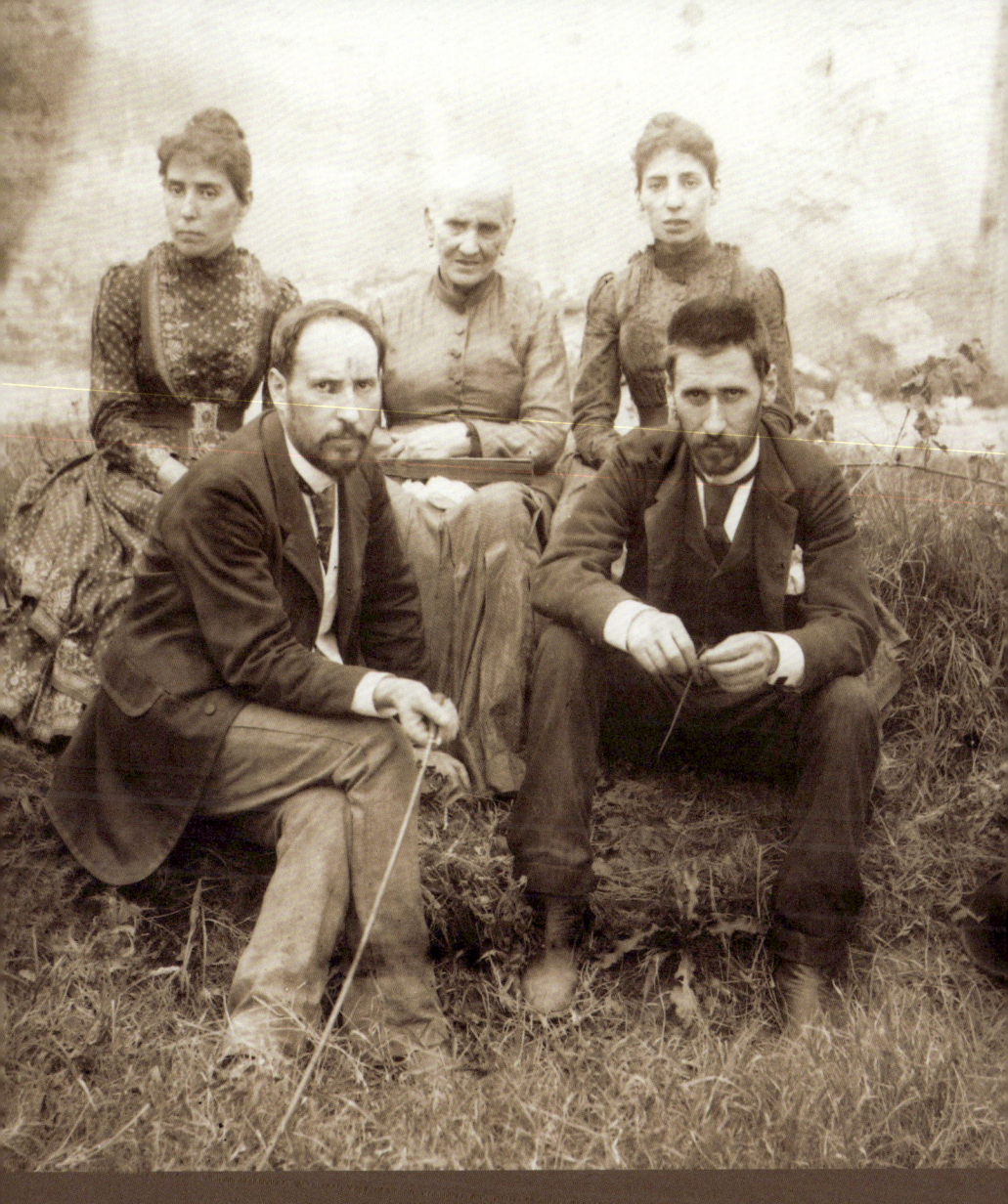

Fotografía realizada por Santiago Ramón y Cajal, *Doña Antonia Cajal con sus cuatro hijos*. Legado Cajal-CSIC. La afición de Cajal por la fotografía nos permite hacer un amplio recorrido visual a lo largo de su trayectoria vital y profesional.

ARAGÓN, LUGARES DE SU INFANCIA Y JUVENTUD

Muchas son las poblaciones aragonesas que acogieron a Santiago Ramón y Cajal durante estos primeros años: Larrés, Luna, Valpalmas, Ayerbe, Jaca, Huesca, Gurrea de Gállego, Zaragoza, Panticosa o San Juan de la Peña.

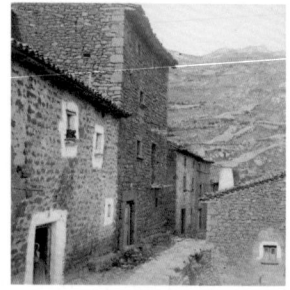

1852

El 1 de mayo nace Santiago Ramón y Cajal en Petilla de Aragón, hijo de Justo Ramón y de Antonia Cajal.

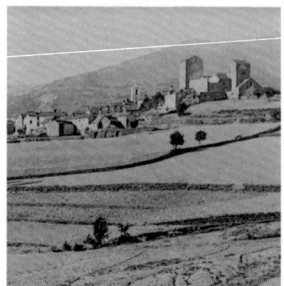

1854

Traslado de la familia a Larrés, localidad natal de sus padres. «Mis primeros recuerdos, harto vagos e imprecisos, refiérense al lugar de Larrés». Nace su hermano Pedro.

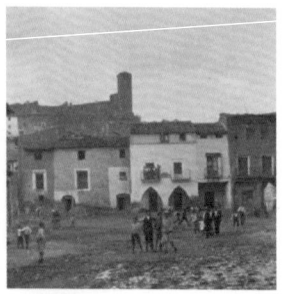

1855

Don Justo es nombrado cirujano de segunda y la familia se traslada a Luna. Comete su primera travesura, golpea a un caballo y recibe una coz que pudo costarle la vida.

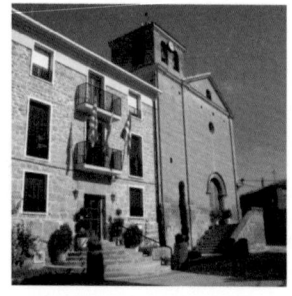

1856

Traslado a Valpalmas. Estudia en la escuela y con su padre aprende francés en una cueva hoy llamada «del fraile». Tres acontecimientos le marcarán: la caída de un rayo en la escuela, un eclipse de sol y la celebración de las victorias en África.

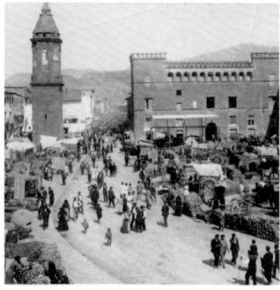

1860

La familia se asienta en Ayerbe. Aquí pasará gran parte de su infancia y juventud y los veranos mientras estudia fuera. Despierta su vocación pictórica y naturalista. Se hace tristemente célebre por sus gamberradas e incluso es encarcelado.

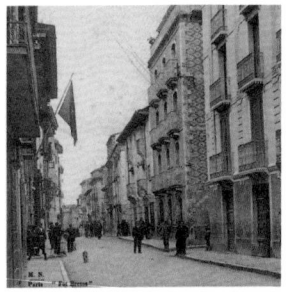

1861

Don Justo le envía a hacer el bachillerato a las Escuelas Pías de Jaca para enderezarlo. Castigos, fugas permanentes y malas calificaciones.

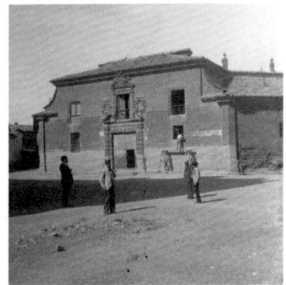

1864

Su padre decide llevar a Santiago a estudiar al instituto de Huesca. Le impacta vivir en una ciudad. Se aficiona a la gimnasia y a la honda.

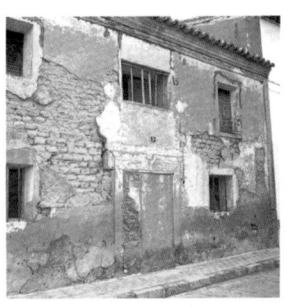

1866

Sus malas calificaciones y comportamiento, provocan que don Justo lo saque del instituto y entra como aprendiz de zapatero en Gurrea de Gállego, destino temporal de la familia. Al año siguiente retoma sus estudios en Huesca y finaliza el bachillerato.

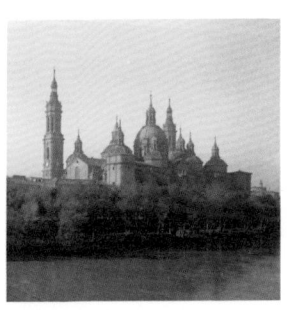

1869

Cajal llega a Zaragoza para cursar los estudios del preparatorio de Medicina en la Universidad, su «venerada *alma mater*».

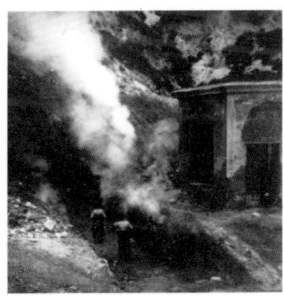

1877

Se recupera en el balneario de Panticosa de un episodio de hemoptisis asociado al paludismo mal curado de Cuba.

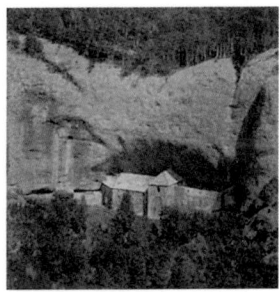

1877-78

De regreso del balneario, continúa su recuperación en el monasterio de San Juan de la Peña, donde repondrá fuerzas. Toma varias fotografías que hoy se consideran las más antiguas de este enclave.

1854-1869

Los diferentes destinos de la familia por el territorio aragonés (Larrés, Luna, Valpalmas, Ayerbe, Gurrea de Gállego) y los del propio Santiago debido a su formación (Jaca, Huesca) le permitieron desarrollar una gran curiosidad que, unida a su personalidad, plagaron su infancia de aventuras, travesuras y experiencias.

EL GERMEN REVOLTOSO DE UN CIENTÍFICO

Tres sucesos ocurridos durante la infancia de Santiago Ramón y Cajal tuvieron un impacto decisivo en la formación de su carácter. En primer lugar, los festejos destinados a conmemorar las victorias en África despertaron su fervor patriótico. En segundo lugar, la caída de un rayo en la iglesia y la escuela de Valpalmas, que resultó en la trágica muerte de un sacerdote, causó lesiones a una maestra y un gran temor entre los alumnos, dejó una profunda impresión en él. Por último, el eclipse solar del 18 de julio de 1860, anunciado previamente por la prensa, le llevó a reflexionar sobre el valor de la ciencia: «caí en la cuenta, al fin, de que el hombre, desvalido y desarmado enfrente del incontrastable poder de las fuerzas cósmicas, tiene en la ciencia redentor heroico y poderoso y universal instrumento de previsión y de dominio».

Su curiosidad estaba íntimamente ligada a su enorme creatividad. «Con nada se saciaba mi lápiz infatigable», escribió Cajal hablando de su afición infantil por el dibujo. Tras él vino la pintura y a punto estuvo de encaminar sus pasos hacia el arte, pero don Justo, su exigente padre, no le dio opción. Sin embargo, sus habilidades artísticas serían decisivas después en su capacidad para dibujar e interpretar, con todo lujo de detalles, lo que veía al microscopio. Por su parte, la fotografía le causó «indecible asombro» y de ella no le fascinaron solo las imágenes, sino los procesos técnicos, en los que llegó a ser un verdadero maestro y precursor. Sus retratos familiares, sus viajes y el dominio del primer color lo prueban. Asimismo, también la escritura le hizo disfrutar tempranamente.

"

Tendría yo como ocho o nueve años, cuando era ya en mí manía irresistible manchar papeles, trazar garambainas en los libros y embadurnar las tapias, puertas y fachadas recién revocadas del pueblo, con toda clase de garabatos, escenas guerreras y lances del toreo. Una pared lisa y blanca ejercía sobre mí irresistible fascinación.

Santiago Ramón y Cajal, *Pintura de inspiración romántica.* Óleo sobre tabla, 24,5 x 34,5 cm. Legado Cajal-CSIC

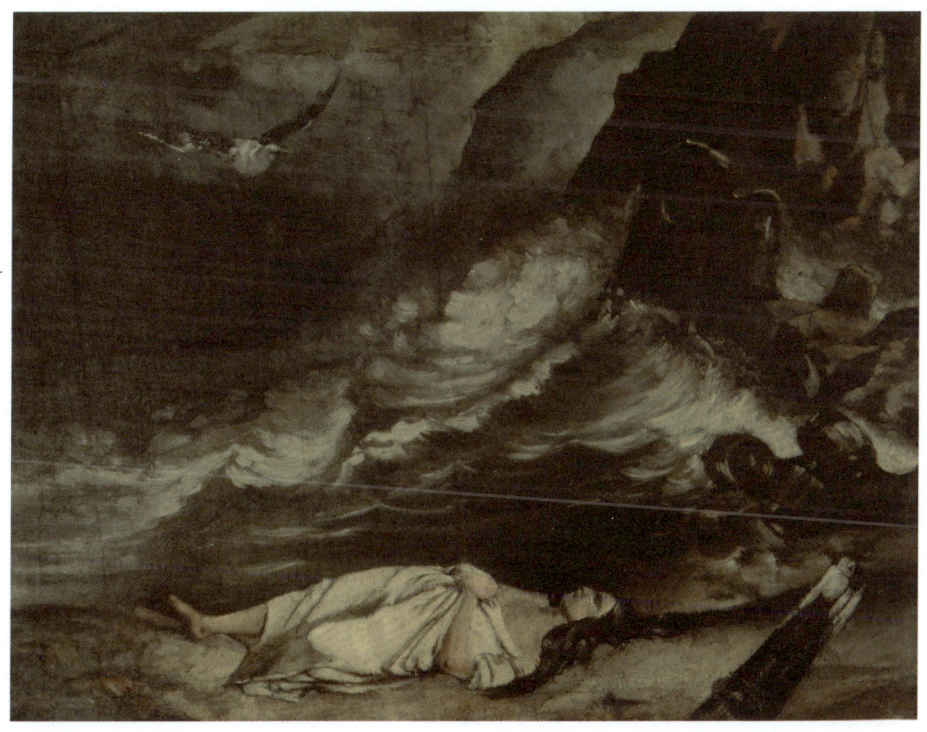

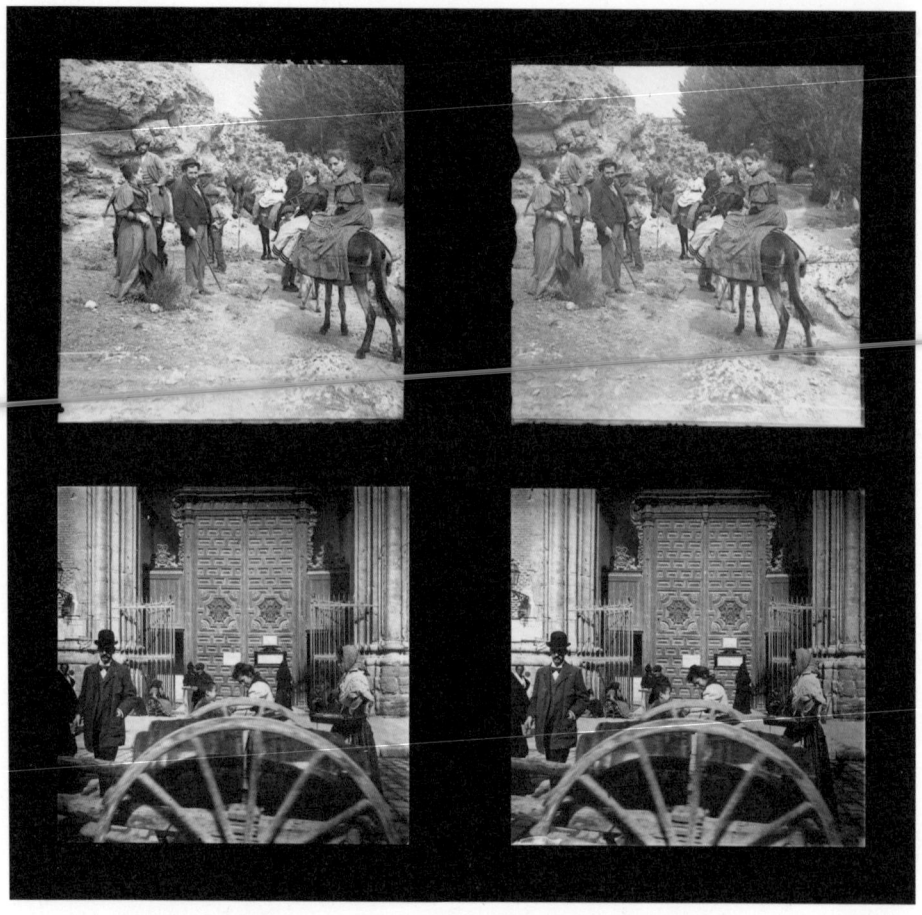

Santiago Ramón y Cajal, *Familia Cajal y amigos montando en burro en el Monasterio de Piedra (Zaragoza)*, década de 1890. Legado Cajal-CSIC

Santiago Ramón y Cajal, *Entrada a la Basílica del Pilar*, s/f.
Colección Familia Pedro Ramón y Cajal

A lo largo de su vida, Cajal poseyó varias cámaras fotográficas de diferentes formatos, incluyendo algunas estereoscópicas. Sin embargo, la *verascope* destacó como una de sus favoritas debido a su reducido tamaño y versatilidad, especialmente durante sus viajes y excursiones.

La fotografía estereoscópica, cuyo origen se remonta al s. XIX, es una técnica que captura imágenes tridimensionales mediante el uso de dos fotografías tomadas desde ángulos ligeramente distintos. Se basa en la visión binocular humana, donde cada ojo ve una imagen diferente que el cerebro fusiona para crear la sensación de profundidad. Para ello, se emplean cámaras especiales con dos lentes y las fotografías se visualizan a través de visores estereoscópicos.

"

Ensanché el agujero y reparé que las figuras se hacían vagas y nebulosas; achiqué la brecha del ventano sirviéndome de papeles pegados con saliva y observé, lleno de satisfacción, que conforme aquélla menguaba, crecía el vigor y detalle de las figuras... propúseme sacar partido de mi impensado descubrimiento. Y montado sobre una silla entreteníame en calcar sobre papel aquellas vivas y brillantes imágenes, que parecían consolar, como una caricia, las soledades de mi cárcel.

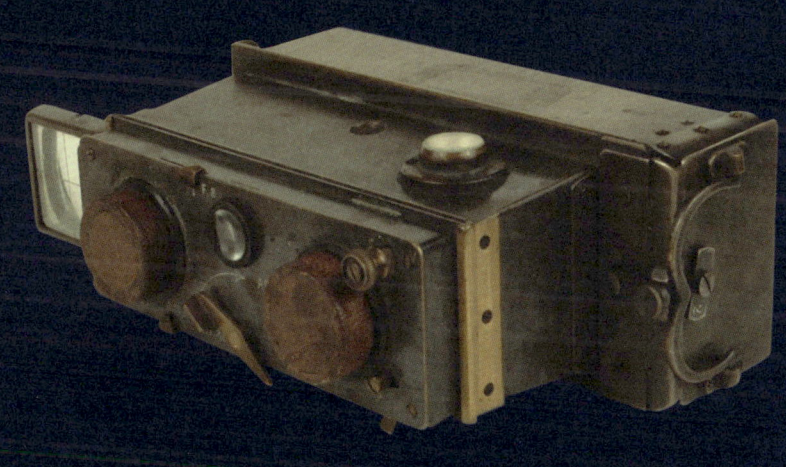

Cámara estereoscópica Verascope Richard, París, 1911. N.º de serie 23195.
Colección Universidad de Zaragoza

1869

Cajal se instala en Zaragoza. En octubre inicia los estudios del preparatorio de Medicina en la Universidad de Zaragoza. Se acomoda como mancebo en casa de Mariano Bailo, en el Arrabal.

CAJAL EN ZARAGOZA

LA ZARAGOZA DE SANTIAGO RAMÓN Y CAJAL

Zaragoza impresionó hondamente a Cajal, como la gran ciudad que era. En 1869 tenía cerca de 80 000 habitantes, había estrenado ferrocarril con Madrid y Barcelona, el año anterior se había celebrado una gran Exposición Regional y estaba en plena renovación urbana. En Zaragoza vivió su juventud y su primera madurez, estudió y ejerció de profesor, conoció a Silveria, su esposa, se casó y tuvo sus primeros hijos. En sus memorias recordaba cómo le había asombrado el caudaloso Ebro y sus paseos por el monte de Torrero.

LOS RAMÓN Y CAJAL EN ZARAGOZA

La familia Ramón y Cajal se instaló en Zaragoza en 1870. Su padre, Justo Ramón, obtuvo entonces una plaza de médico en el Hospital Provincial y de profesor interino de Disección. Aquí vivieron sus padres, Justo y Antonia, hasta su fallecimiento, al igual que Jorja y Pabla, sus hermanas. También su hermano Pedro, quien, tras una azarosa juventud, estudió Medicina, llegó a ser catedrático de la Universidad de Zaragoza desde 1899 hasta su jubilación en 1924 y fue un gran investigador que colaboró con Santiago. Fue académico numerario de la Real Academia de Medicina de Zaragoza.

Tras ser derrotado en un pulso, acude al gimnasio Poblador en la plaza del Pilar e intercambia lecciones de fisiología muscular por lecciones de desarrollo físico. Sostenido por una fuerza de voluntad insospechada en Santiago, en poco tiempo es el campeón más fuerte del gimnasio.

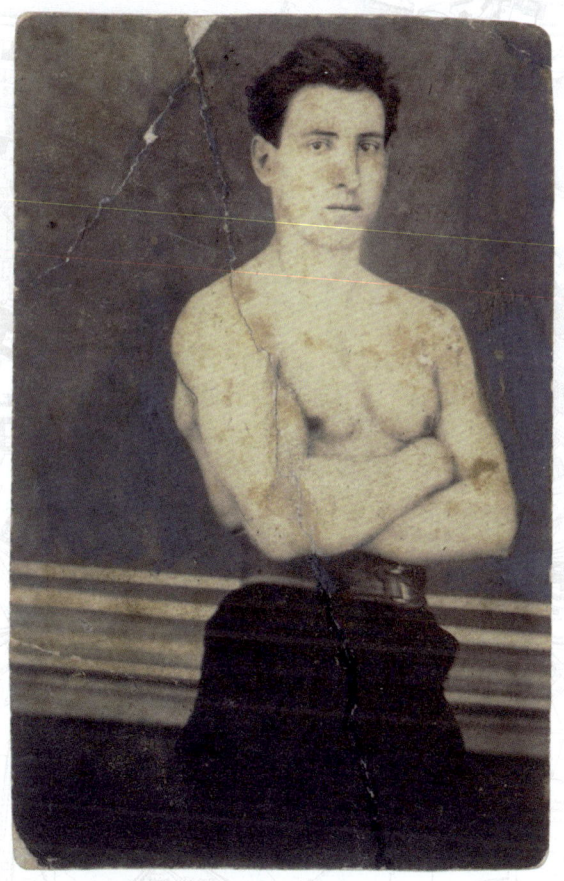

Santiago Ramón y Cajal en pose atlética, h. 1870.
Legado Cajal-CSIC

Mi aspecto físico tenía poco del de Adonis. Ancho de espaldas, con pectorales monstruosos, mi circunferencia torácica excedía de 112 centímetros. Al andar, mostraba esa inelegancia y contoneo rítmico característicos del Hércules de feria.

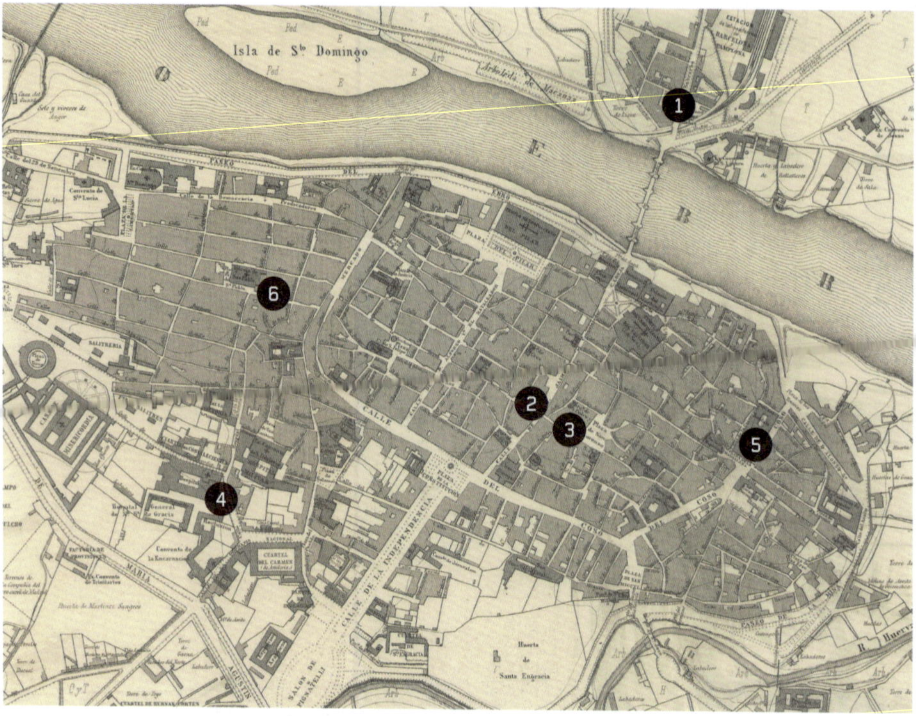

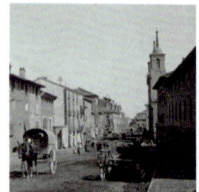

Calle Sobrarbe

Al llegar a Zaragoza en 1869 para hacer el preparatorio de Medicina, y antes de que se trasladara su familia, vivió un tiempo en esta calle del barrio del Arrabal.

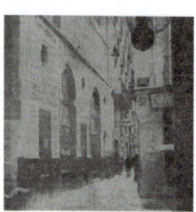

Calle Méndez Núñez, 13

Aquí vivió con su familia cuando se establecieron definitivamente en Zaragoza en 1870.

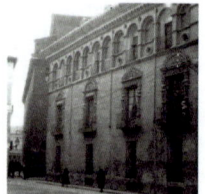

Calle San Jorge, 28

Siguiente domicilio familiar donde situó, además, su academia de Anatomía.

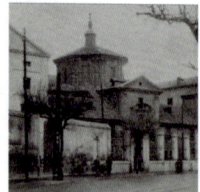

Calle Ramón y Cajal (entonces calle del Hospital)

Estudió la carrera de Medicina en el Hospital de Nuestra Señora de Gracia. En esa misma calle estableció su domicilio desde que contrajo matrimonio hasta 1884.

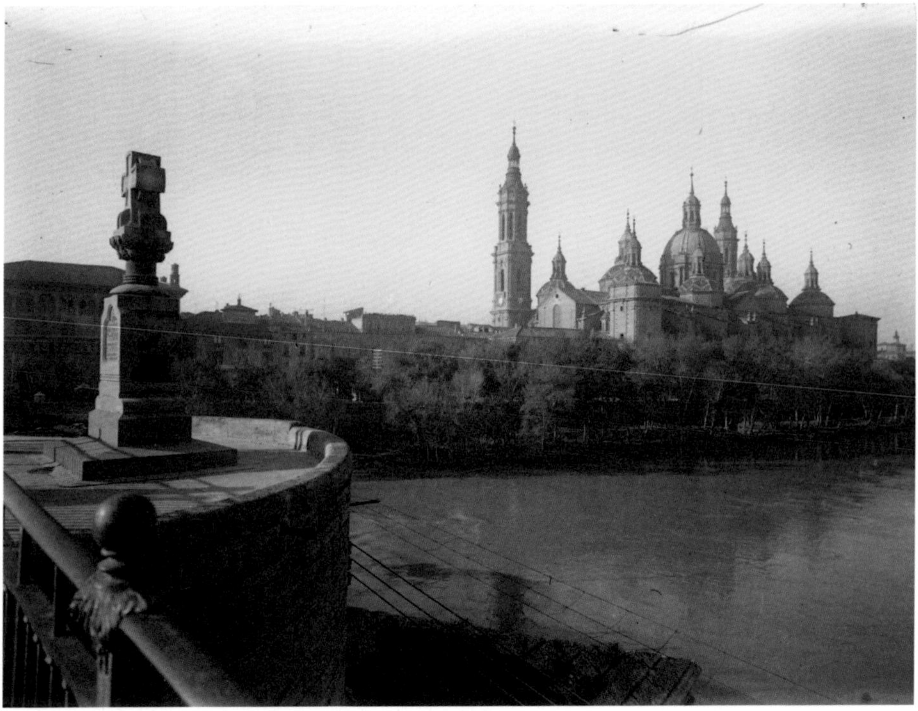

Santiago Ramón y Cajal, *El Pilar de Zaragoza visto desde el Puente de Piedra*, 1908. Legado Cajal-CSIC

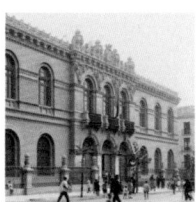

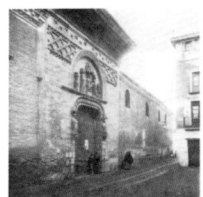

La Magdalena

Parte de las lecciones de la carrera de Medicina se impartían en la Universidad Literaria situada en la plaza de la Magdalena.

Iglesia de San Pablo

Allí se casó con Silveria Fañanás García el 19 de julio de 1879.

> *Zaragoza es algo mío, muy íntimo, que llevo embebido en mi corazón y en mi espíritu y palpita en mi carácter y en mis actos.*

1869-1884

Ramón y Cajal completó sus estudios de Medicina en la Universidad de Zaragoza y aquí se licenció el 25 de junio de 1873. El 3 de septiembre ganó por oposición una plaza de médico militar y se incorporó al Regimiento de Burgos. Al año siguiente es destinado a Cuba, donde enferma de paludismo y disentería, regresando a Zaragoza el 16 de junio de 1875. Entre 1875 y 1884, cuando marchó a ocupar la cátedra de Valencia, fue profesor de Anatomía en la Universidad de Zaragoza y desde 1879, además, director de los Museos Anatómicos. En esa época realiza los dibujos para el *Atlas anatómico* que se conserva en la Universidad, escribe su tesis doctoral y publica sus primeras investigaciones, sentando así las bases de su destacada carrera científica.

CAJAL Y LA UNIVERSIDAD DE ZARAGOZA

La relación entre Cajal y la Universidad de Zaragoza está estrechamente vinculada a sus años de formación y al comienzo de su carrera profesional. Tres espacios universitarios reflejan claramente esta etapa: el Anfiteatro y Museo Anatómico, ubicados en el Hospital de Nuestra Señora de Gracia de Zaragoza, el propio hospital y la sede de la Universidad Literaria de Zaragoza. Pocos años después, se inauguró la flamante Facultad de Medicina y Ciencias, actual Paraninfo. A través de la valiosa documentación conservada en el Archivo Histórico Universitario, es posible rastrear los pasos de Cajal durante estos años.

"

Jamás olvidaré que Zaragoza fue el magnífico escenario de mis ensueños de mozo y de mis ilusiones y esperanzas de hombre.

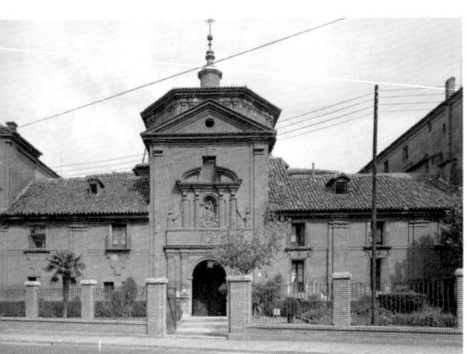

Hospital de Nuestra Señora de Gracia de Zaragoza, vista de la iglesia

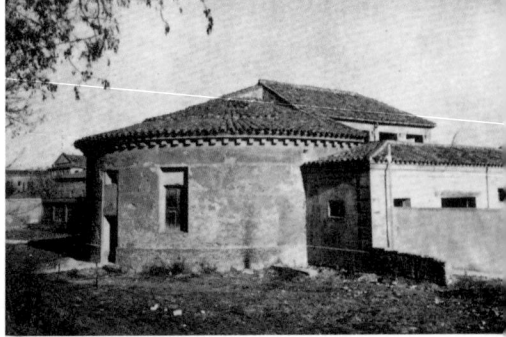

Anfiteatro y Museo Anatómico en el Hospital de Nuestra Señora de Gracia de Zaragoza

Universidad Literaria de Zaragoza

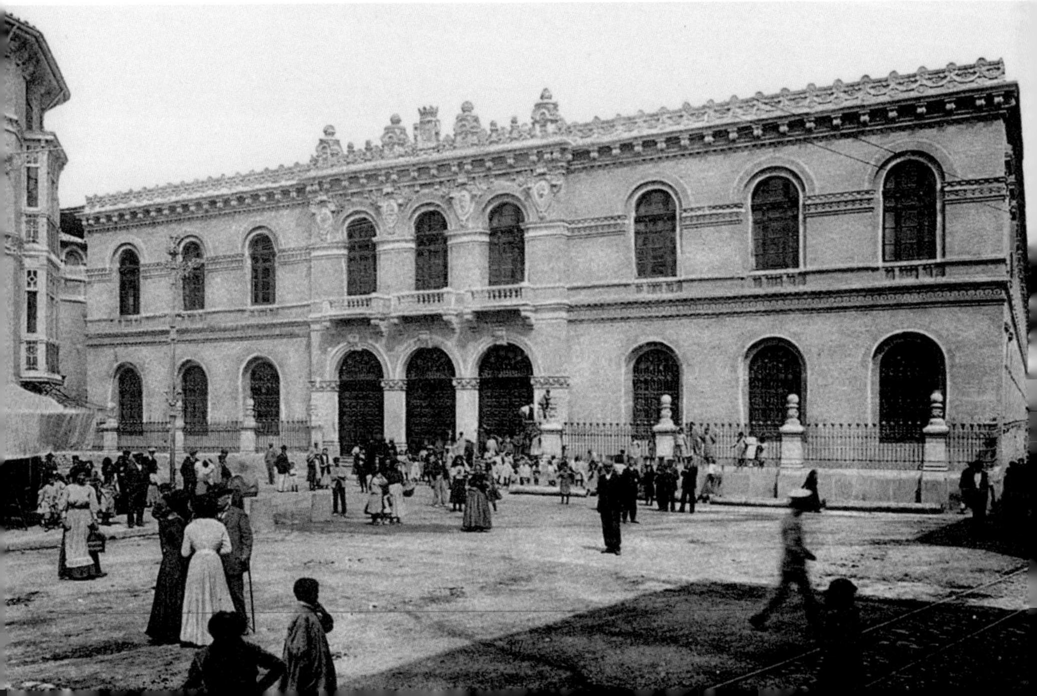

En sus *Recuerdos* habla con profusión de sus profesores, de las asignaturas que le gustaban y de las que no tanto, y relata anécdotas típicamente estudiantiles. De acuerdo con su propio testimonio, fue un estudiante irregular, volcado con entusiasmo en aquello que le atraía y menos interesado por el conjunto o por acabar su carrera con un expediente brillante. «Gracias a tan buenos maestros, aproveché bastante, es decir, todo lo que mi juicio, todavía en agraz, y mis continuas escapadas artísticas consentían». Pero es innegable que maduró durante sus años en la facultad en tres aspectos que contribuyeron decisivamente a forjar su personalidad: la profesión, pues comenzó a disfrutar de la medicina y la investigación; lo que él llamó sus «tres manías», la *literaria,* la *gimnástica* y la *filosófica;* y los amigos, entre sus compañeros de carrera. Su promoción era un colectivo relativamente reducido (en la orla aparecen treinta y siete egresados) y muy singular, porque se trataba de la segunda promoción de Medicina tras la reposición de los estudios en Zaragoza.

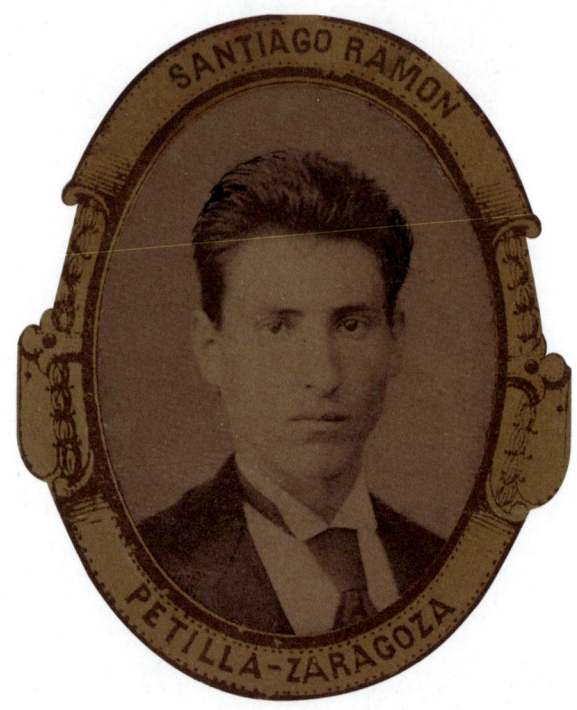

Santiago Ramón y Cajal. Recorte de la orla de licenciado en Medicina por la Universidad de Zaragoza en 1873. Legado Cajal-CSIC

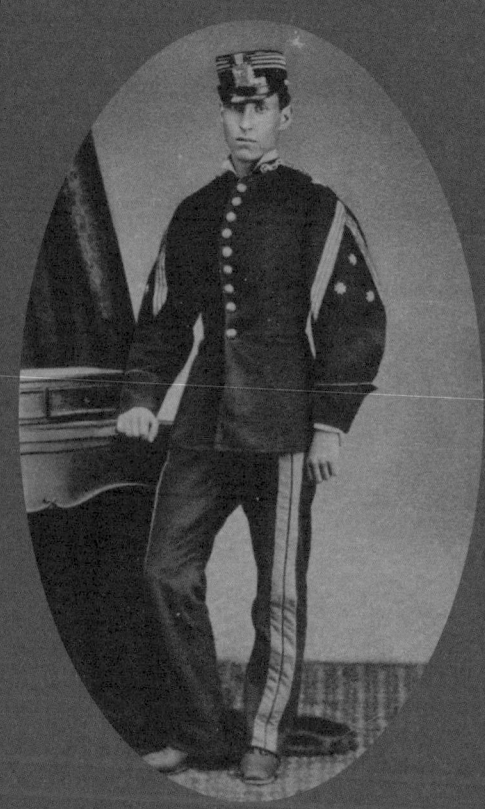

Retrato fotográfico de Santiago Ramón y Cajal vestido de uniforme médico militar cuando embarcó hacia Cuba, 1874. Legado Cajal-CSIC

Santiago regresó a España desde Cuba por Santander el 16 de junio de 1875 como «inutilizado en campaña» por padecer caquexia palúdica grave, que era incompatible con todo servicio. Era capitán médico, tenía veintitrés años recién cumplidos y el paréntesis de su etapa militar había durado casi dos años. A los pocos días «tuve al fin la indecible felicidad de regresar a Zaragoza y abrazar a mis padres y mis hermanos». Poco ejerció como médico. Las aspiraciones en la universidad, sugeridas continuamente por don Justo, lo llevaron a graduarse como doctor. Incluso tras el fracaso en las primeras oposiciones y recaídas de las enfermedades contraídas en Cuba, pretendió don Justo —para darle una salida, pensando que no servía para la vida universitaria— que se convirtiera en médico de Castejón de Valdejasa (lo fue por unas semanas) y después de Corella (por allí, ni apareció). Cajal siempre tuvo una vocación investigadora y no asistencial que le acabaría llevando a ser el padre de la neurociencia moderna.

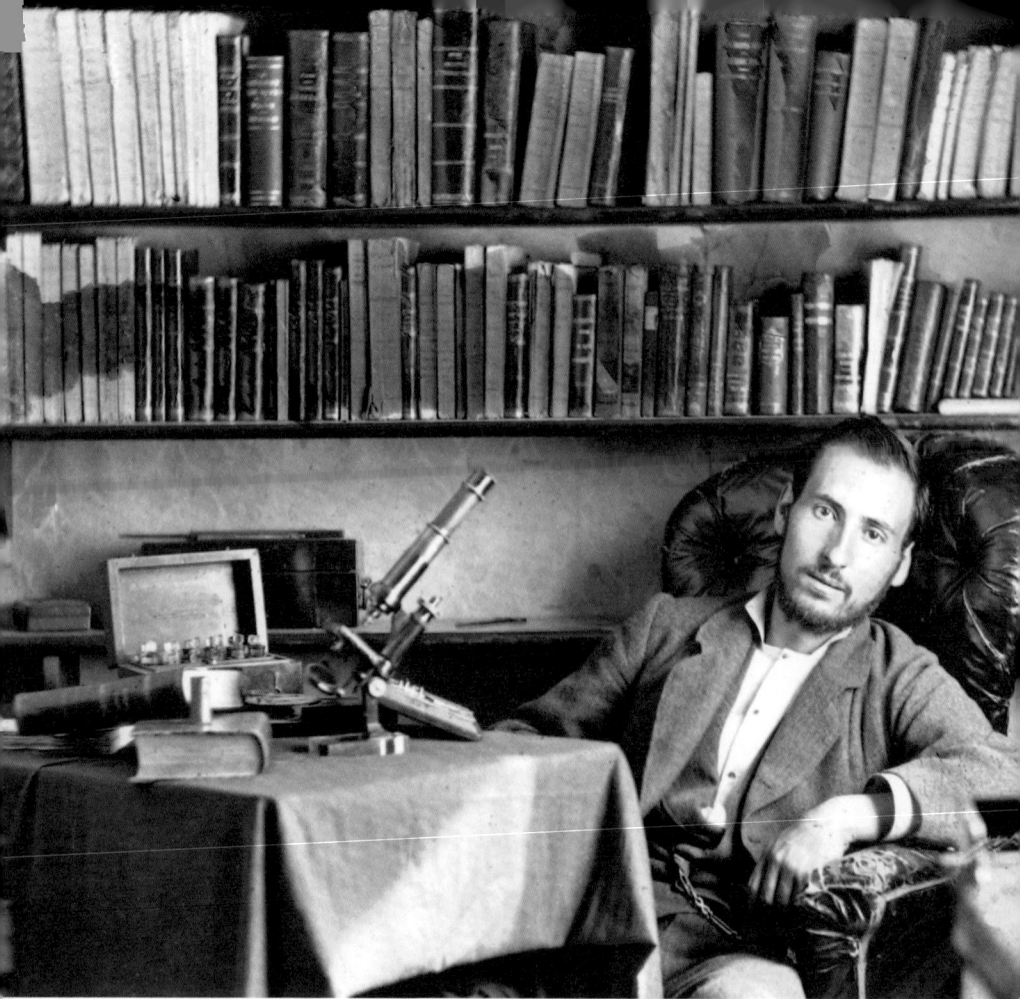

Autorretrato en su domicilio en Zaragoza junto a su primer microscopio, h. 1880.
Legado Cajal-CSIC

El 3 de julio de 1877 defiende su tesis *Patogenia de la inflamación* y se doctora en Medicina por la Universidad Central. Con motivo de sus exámenes en Madrid conoce a don Aureliano Maestre de San Juan, catedrático de Histología y Anatomía Patológica, quien le descubre un nuevo mundo: el microscópico. Se interesa por la Histología, y aprovechando los ahorros de las soldadas de Cuba, compra su primer microscopio, un Verick, con el propósito de crear un laboratorio de histología en Zaragoza.

JOVEN INVESTIGADOR

«Contando con la bondad inagotable de D. Aureliano Maestre, aprobé fácilmente la Histología; pero ni había visto una célula, ni era capaz de efectuar el más sencillo análisis micrográfico. Y fué lo peor que, á la sazón, no había en Zaragoza persona capaz de orientarme en los dominios de lo infinitamente pequeño. Además, la Facultad de Medicina, de que era yo ayudante y auxiliar, andaba muy escasa de medios prácticos. Sólo en el Laboratorio de Fisiología existía un microscopio bastante bueno. Con este viejo instrumento amplificante, y gracias á la buena amistad con que me distinguía el doctor Borao, por entonces ayudante de Fisiología, admiré por primera vez el sorprendente espectáculo de la circulación de la sangre. [...] Escogido un desván como obrador de mis ensayos prácticos, y reunidos algunos reactivos, sólo me faltaba un buen modelo de microscopio. Las menguadas reliquias de mis alcances de Cuba no daban para tanto. Por fortuna, durante mi última gira á la Corte, me enteré de que en la

calle del León, núm. 25, principal (¡no lo he olvidado todavía!) habitaba cierto almacenista de instrumentos médicos, D. Francisco Chenel, quien proporcionaba, á plazos, excelentes microscopios de Nachet y Verick, marcas francesas entonces muy en boga. Entablé, pues, correspondencia con dicho comerciante y ajustamos las condiciones: consistían en abonarle en cuatro plazos 140 duros, importe de un buen modelo Verick, con todos sus accesorios. La amplificación de las lentes (entre ellas figuraba un objetivo de inmersión al agua) pasaba de 800 veces. Poco después me proporcioné, de la misma casa, un microtomo de Ranvier, una tournette ó rueda giratoria y otros muchos útiles de micrografía. Á todo subvinieron mi paga modesta de auxiliar y las flacas ganancias proporcionadas por los repasos de Anatomía; pero las bases financieras del Laboratorio y Biblioteca fueron mis economías de Cuba. Véase cómo las enfermedades adquiridas en la gran Antilla resultaron á la postre provechosas».

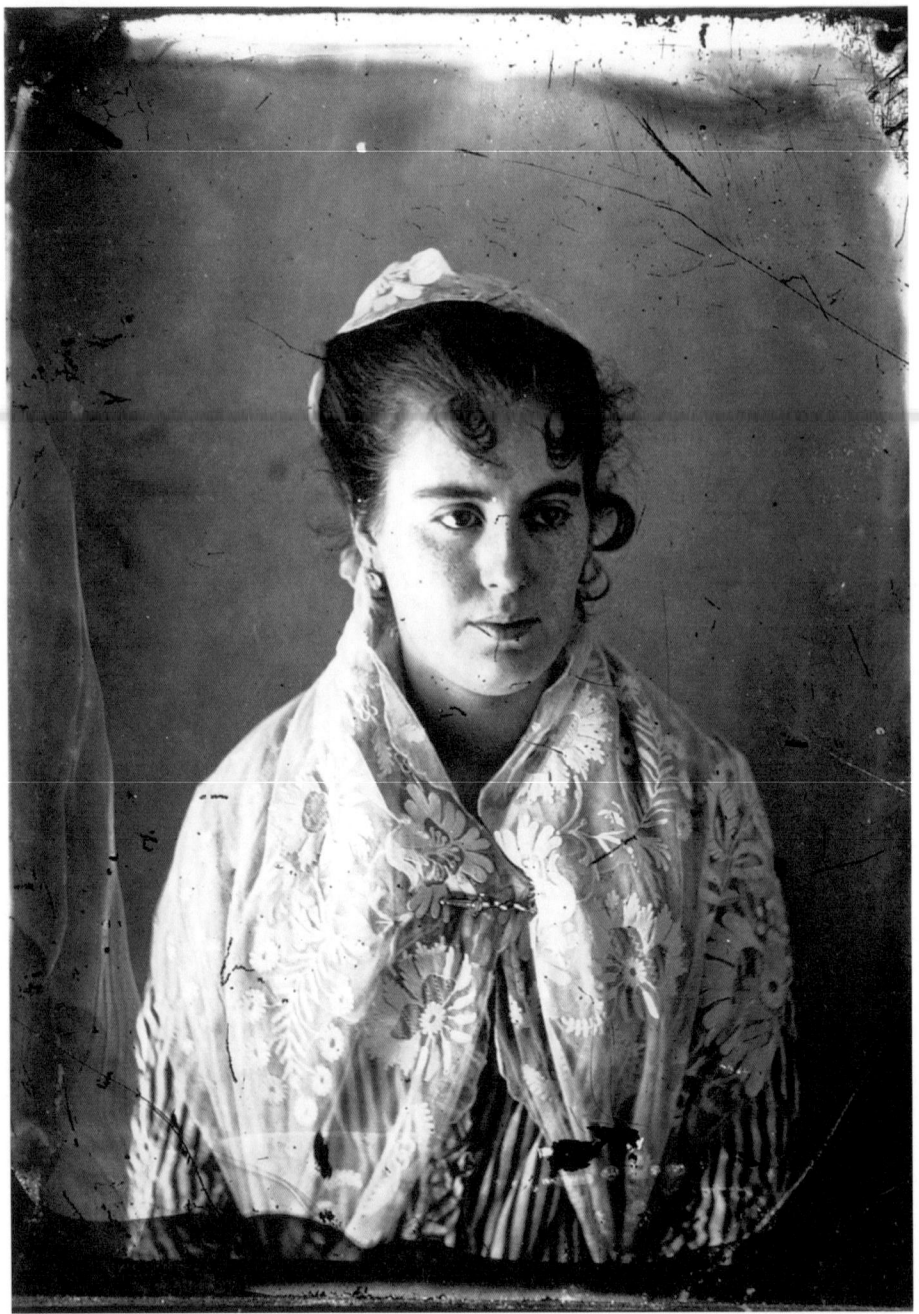

Silveria Fañanás García, h. 1880. Legado Cajal–CSIC. Cajal realizó numerosos retratos a su mujer, a sus hijos y a sí mismo, permitiéndonos ser testigos de la evolución de toda la familia.

Su esposa, Silveria Fañanás García, apoyó incondicionalmente y alentó los sueños y ambiciones de Santiago. Se conocían de vista, de la época en la que Cajal estudió en Huesca, y en contra de la opinión de sus padres y de sus amigos, que presagiaban un desastre, se casaron el 19 de julio de 1879 en la parroquia de San Pablo. El único familiar que acudió a su boda fue su hermano Pedro. La pareja tuvo siete hijos.

"

Me atrajeron, sin duda, la dulzura y suavidad de sus facciones, la esbeltez de su talle, sus grandes ojos verdes encuadrados de largas pestañas y la frondosidad de sus rubios cabellos [...]. Tiempo después, sin que los consejos de la familia fueran poderosos a disuadirme, me casé [...]. Mi compañera, con su abnegación y modestia, su amor al esposo y a sus hijos y su espíritu de heroica economía, hizo posible la obstinada y obscura labor del que escribe estas líneas.

1884-1888

Tras obtener la cátedra, la familia se traslada a
Valencia en 1884 y comienza a publicar por fascículos
Manual de Histología Normal y de técnica micrográfica.
Al año siguiente es comisionado por la Diputación
Provincial de Zaragoza para el estudio del cólera, que
abordó con éxito. En 1887 se traslada a Barcelona
como catedrático de Histología Normal y Patológica.
Siendo tribunal en oposiciones en Madrid aprende de
Luis Simarro la técnica de Golgi de tinción
del sistema nervioso.

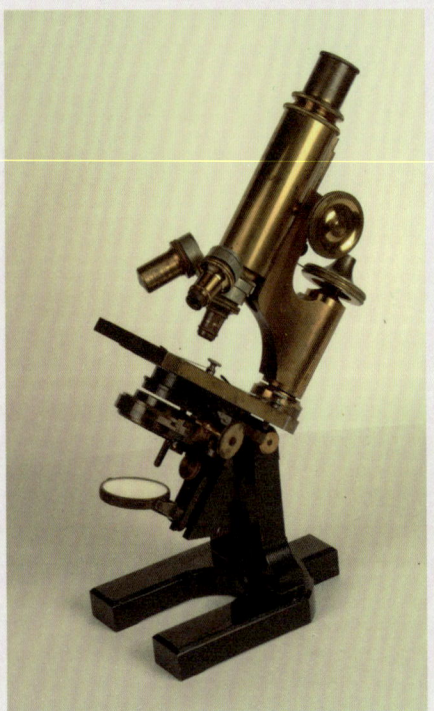

Microcospio Zeiss Stativ Jena IVa, finales s. XIX. Colección A. J. Schuhmacher

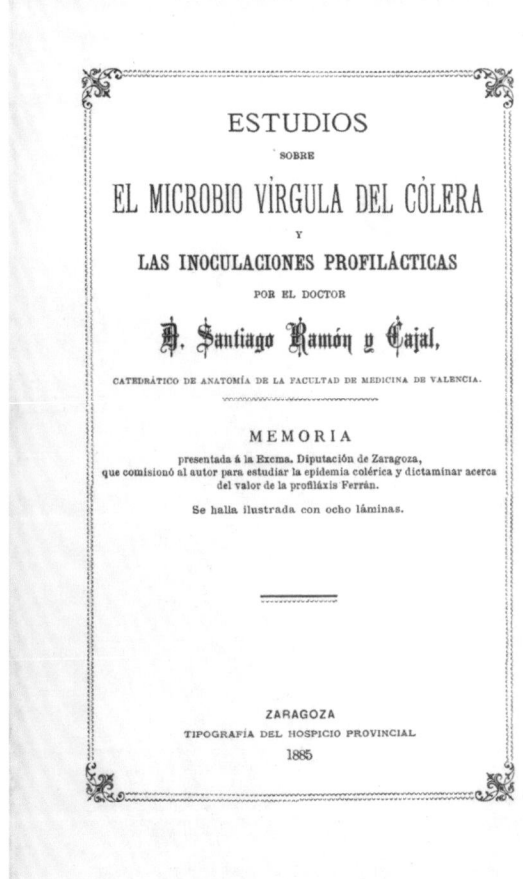

Estudios sobre el microbio vírgula del cólera y las inoculaciones profilácticas,
Zaragoza, Tipografía del Hospicio Provincial, 1885

En 1885, comisionado por la Diputación Provincial de Zaragoza para el estudio del cólera, realiza trabajos y descubrimientos en vacunación anticolérica en la Torre de los Canales de San Juan de Mozarrifar (Zaragoza). Lleva a cabo una vacuna frente al cólera mediante la inoculación de gérmenes muertos por calor. Cajal introducía por primera vez en la historia de la medicina el concepto de vacuna química al no emplear gérmenes vivos. Sin embargo, este tipo de vacunas se atribuye a Salmon y Smith, quienes las descubrieron un año más tarde. En agradecimiento a sus trabajos, la Diputación Provincial de Zaragoza le proporciona un microscopio Zeiss Stativ de gran calidad, decisivo para sus posteriores investigaciones. «Al recibir aquel impensado obsequio, no cabía en mí de satisfacción y alegría. Al lado de tan espléndido *Statif,* con profusión de objetivos, entre otros el famoso 1,18 de *inmersión homogénea,* última palabra entonces de la óptica amplificante, mi pobre microscopio Verick parecía desvencijado cerrojo». A este microscopio se le conocerá en la Escuela de Cajal como el «zaragozano».

1888:
«AÑO CUMBRE, AÑO DE FORTUNA»

Trabajando sobre el método de Golgi, Cajal propone la *teoría de la neurona*. «Mi año cumbre, un año de fortuna, porque durante este año, que se levanta en mi memoria con arreboles de aurora, surgieron al fin, aquellos descubrimientos interesantes ansiosamente esperados y codiciados».

Cajal describe que el sistema nervioso central está compuesto por células individuales, las neuronas, que conectan entre ellas pero funcionan como unidades independientes, en contra de las creencias aceptadas, que afirmaban que se trataba de una red continua. Una vez establecida sólidamente su teoría neuronal, Cajal se centra en el mecanismo que sigue el impulso o corriente nerviosa. Focaliza sus estudios en la retina y el bulbo olfatorio y establece su *teoría de la polarización dinámica del impulso nervioso:* «El impulso nervioso se transmite por las dendritas hacia el cuerpo de las células nerviosas y sale de éste por el axón, que a su vez, llega a otras dendritas de otras células nerviosas. Toda neurona tiene pues, un aparato de recepción, el cuerpo o soma celular y las dendritas, un aparato de emisión, el axón, y un aparato de distribución, que es la arborización nerviosa terminal».

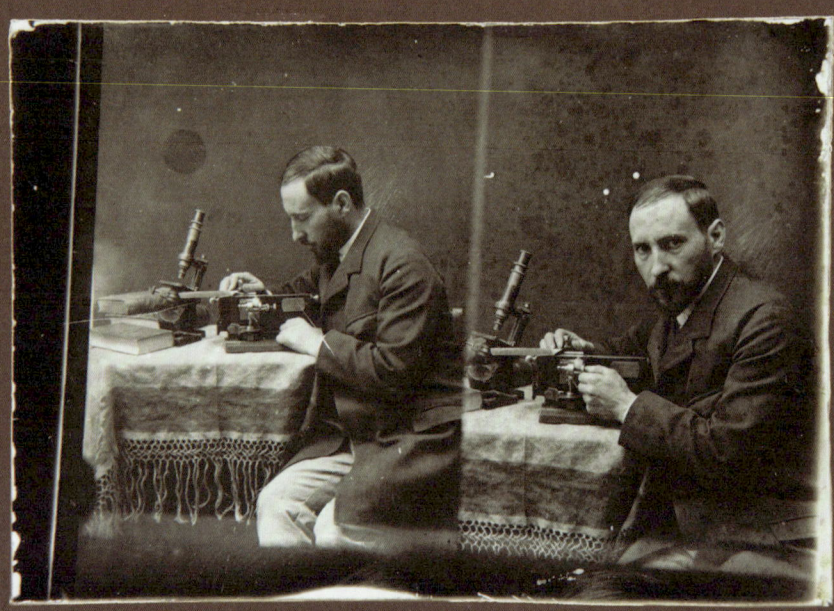

Autorretrato de Santiago Ramón y Cajal con un microtomo, se observa su microscopio Verick al fondo, h. 1884. Legado Cajal-CSIC

LA TÉCNICA HISTOLÓGICA

La técnica histológica comprende una serie de procedimientos de laboratorio para preparar y estudiar tejidos biológicos. Incluye la fijación del tejido con agentes químicos, la deshidratación, su inclusión en parafina o resina, el corte de secciones finas mediante el uso del microtomo, la tinción para resaltar estructuras celulares y, finalmente, el montaje y observación microscópica.

Cajal aprende de Luis Simarro el entonces método de tinción de Golgi, la *reazione nera,* que consistía en fijar fragmentos de tejido en una solución de dicromato potásico durante meses y después, tras pasarla a una solución de nitrato de plata, se teñía un pequeño porcentaje de células. Gracias a sus conocimientos de química y sus experimentaciones con reactivos en el campo de la fotografía, Cajal añade tetróxido de osmio al 2 % a la solución de dicromato potásico, acelerando la fijación y reacción, reduciendo todo el proceso a una semana. Comienza sus estudios centrándose en la región del cerebelo, y parte de animales jóvenes y embriones, donde intuye que, al estar en desarrollo, será más sencillo. Esto le permite, además, establecer relaciones entre distintas regiones y estudiar cómo se desarrollan.

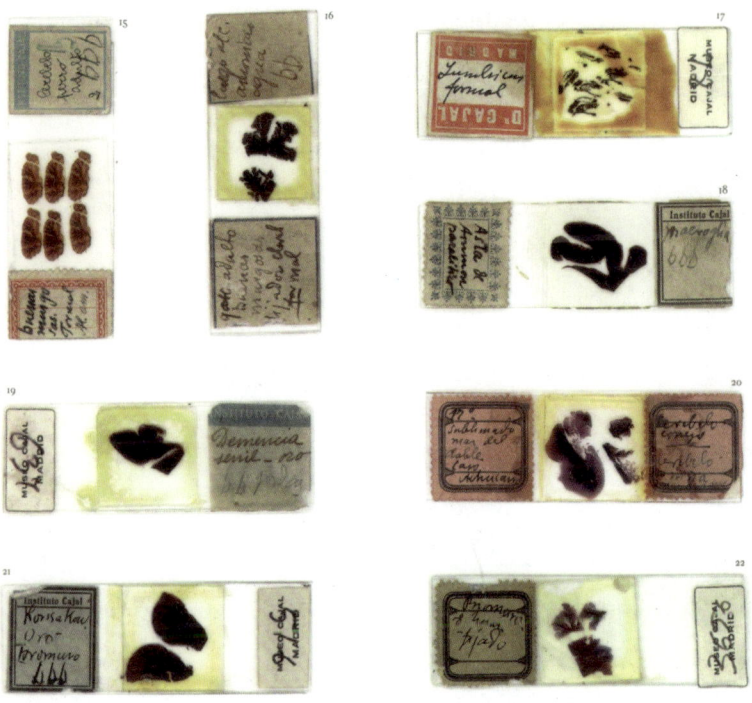

Preparaciones histológicas realizadas por Santiago Ramón y Cajal

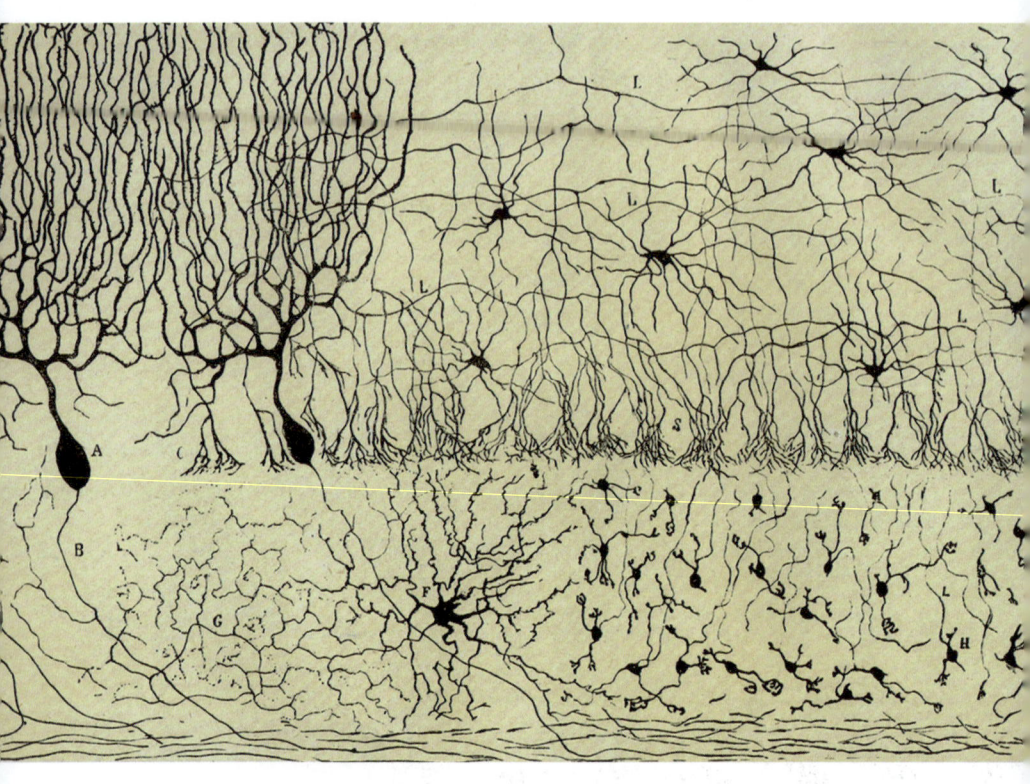

Primera ilustración publicada por Cajal de una preparación histológica (cerebelo de gallina) teñida por el método de Golgi, 1888. A la derecha puede apreciarse un ejemplo ampliado de la mencionada tinción. Legado Cajal-CSIC

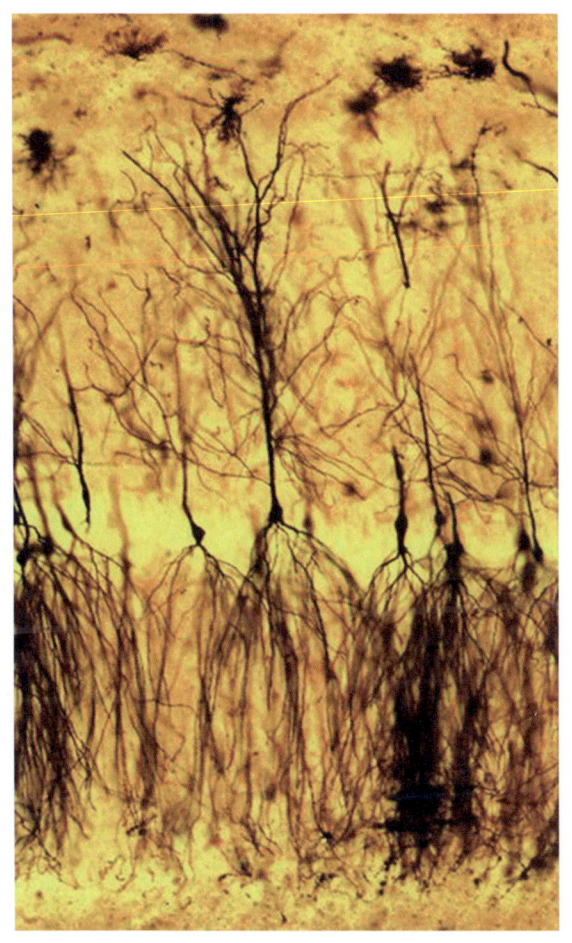

1889-1899

En 1889 publica el libro *Manual de Histología Normal y de técnica micrográfica*. Acude a Berlín a la reunión de la Sociedad Anatómica Alemana, donde convence a Rudolph Albert von Kölliker, referencia internacional, para que vea sus preparaciones. Este, cautivado por ellas, proclama: «Le he descubierto a usted, y deseo divulgar en Alemania mi descubrimiento». Cajal adquiere reconocimiento internacional.

Intensifica sus trabajos sobre el desarrollo embrionario del sistema nervioso y aparece su *Manual de Anatomía Patológica General*. En 1892 obtiene la cátedra de Histología e Histoquimia Normales y Anatomía Patológica de la Facultad de Medicina de la Universidad Central de Madrid y se traslada a la capital. Cajal comienza a ser reconocido a nivel nacional, a la par que su éxito internacional se extiende. Durante estos años continúa su intensa labor, funda la *Revista Trimestral Micrográfica* (1896), comienza a publicar por fascículos *Textura del sistema nervioso del hombre y los vertebrados* (1897-1904) y ve la luz *Reglas y consejos sobre la investigación biológica* (1899).

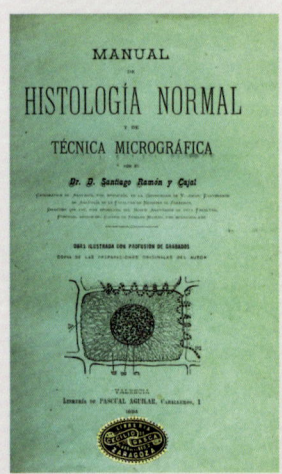

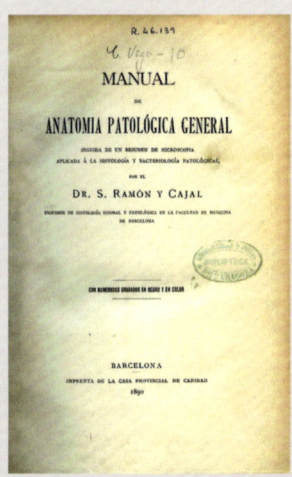

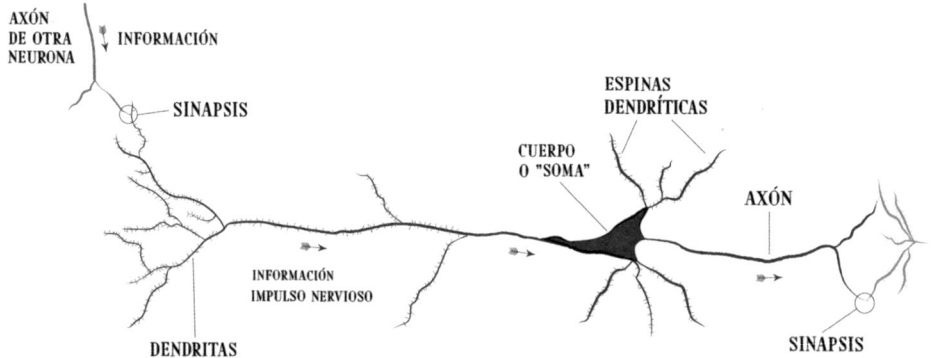

AXÓN DE OTRA NEURONA

INFORMACIÓN

SINAPSIS

ESPINAS DENDRÍTICAS

CUERPO O "SOMA"

AXÓN

INFORMACIÓN IMPULSO NERVIOSO

DENDRITAS

SINAPSIS

LAS NEURONAS

El cerebro humano tiene 86 000 millones de neuronas, tantas como estrellas en la Vía Láctea. Se comunican por impulsos eléctricos y neurotransmisores. Existen neuronas de diferentes tipos y funciones, pero todas tienen en general una forma básica que incluye: las dendritas, que actúan como antenas para escuchar a otras neuronas, aunque a veces también a otras células; el soma o cuerpo, que integra la información recibida para transmitirla a otras células y dar órdenes de lo que hay que hacer, y por último el axón, que es un cable por el que viajan estos mensajes hasta otras células ¡a una velocidad de 360 km/hora!

Manual de Histología Normal y de técnica micrográfica, Valencia, Librería de Pascual Aguilar, 1889. Biblioteca de la Universidad de Zaragoza

Textura del sistema nervioso del hombre y de los vertebrados, Madrid, Imprenta y Librería de Nicolás Moya, 1899. Biblioteca de la Universidad de Zaragoza

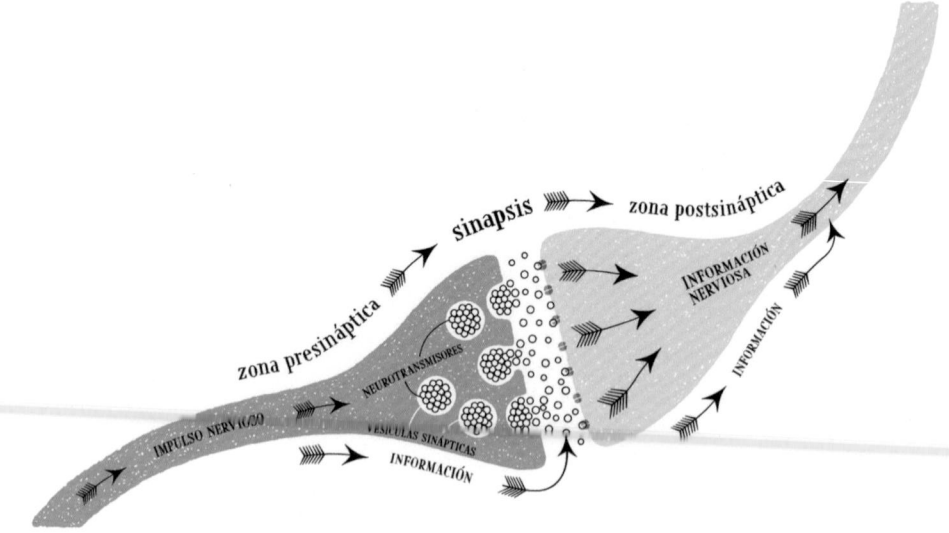

SINAPSIS

Las neuronas se comunican por impulsos eléctricos mediante el movimiento de moléculas e iones. Cuando una neurona recibe información desde sus dendritas, genera un potencial de acción que se propaga desde el soma al final del axón. Las neuronas no son una red continua, sino células individuales separadas entre sí por un pequeño hueco denominado *espacio sináptico*. Al llegar a la sinapsis, el impulso nervioso debe cruzar este espacio hasta la célula que recibe la información. Cuando el impulso nervioso alcanza el final del axón, la neurona libera neurotransmisores desde su extremo presináptico y llegan a la zona postsináptica, que es la parte donde la otra célula recibe los neurotransmisores y reacciona con ellos.

Los neurotransmisores son moléculas que emplean las neuronas para comunicarse. Existen multitud de tipos con funciones muy diferentes, como la dopamina, relacionada con el placer, o la serotonina, importante en los estados de ánimo.

La existencia de la sinapsis no se pudo demostrar hasta el desarrollo del microscopio electrónico, a mediados del s. XX, como puede apreciarse a la derecha.

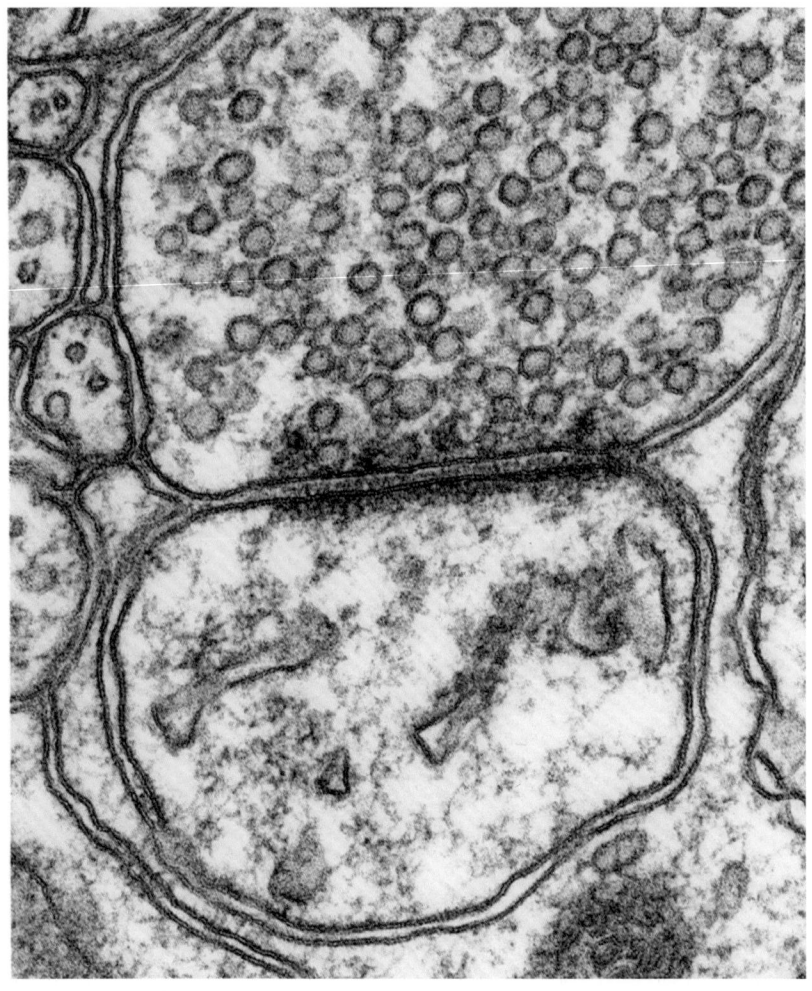

Microfotografía electrónica de una sinapsis típica (sinapsis química) entre una fibra paralela y una espina dendrítica de una célula de Purkinje, en la capa molecular del cerebelo de ratón

LOS DIBUJOS
DE CAJAL

«... el jardín de la neurología brinda al investigador espectáculos cautivadores y emociones artísticas incomparables. En él hallaron, al fin, mis instintos estéticos plena satisfacción. ¡Como el entomólogo a caza de mariposas de vistosos matices, mi atención perseguía, en el vergel de la substancia gris, células de formas delicadas y elegantes, las misteriosas mariposas del alma, cuyo batir de alas quién sabe si esclarecerá algún día el secreto de la vida mental!». Cajal descubre en el dibujo a su aliado perfecto para analizar, simplificar y esquematizar aquellas preparaciones tintadas que observaba a través del microscopio. «Qué duda cabe, a la ciencia no van más que los artistas... Yo comprendí que para adquirir nombre con los pinceles es preciso convertir la mano en un instrumento de precisión. A mis aficiones artísticas de niño —a las que mi padre se opuso intensamente— debo lo que soy ahora. Hasta la fecha habré hecho más de 12 000 dibujos. Para un profano son dibujos extraños, cuyos detalles se miden por milésimas de milímetro pero que descubren mundos misteriosos de la arquitectura del cerebro».

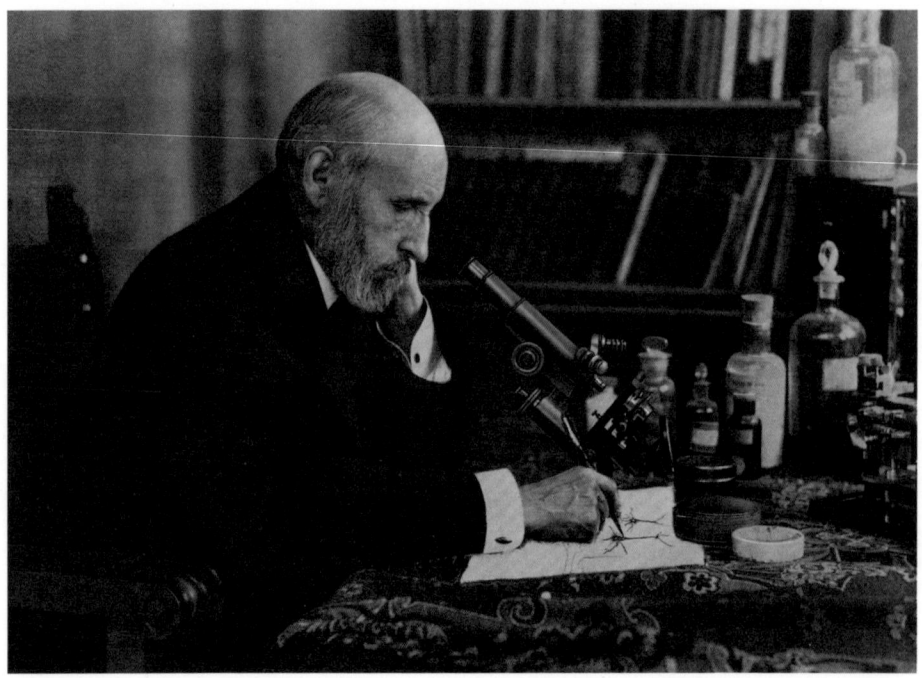

Autorretrato ante el microscopio, h. 1910-1912

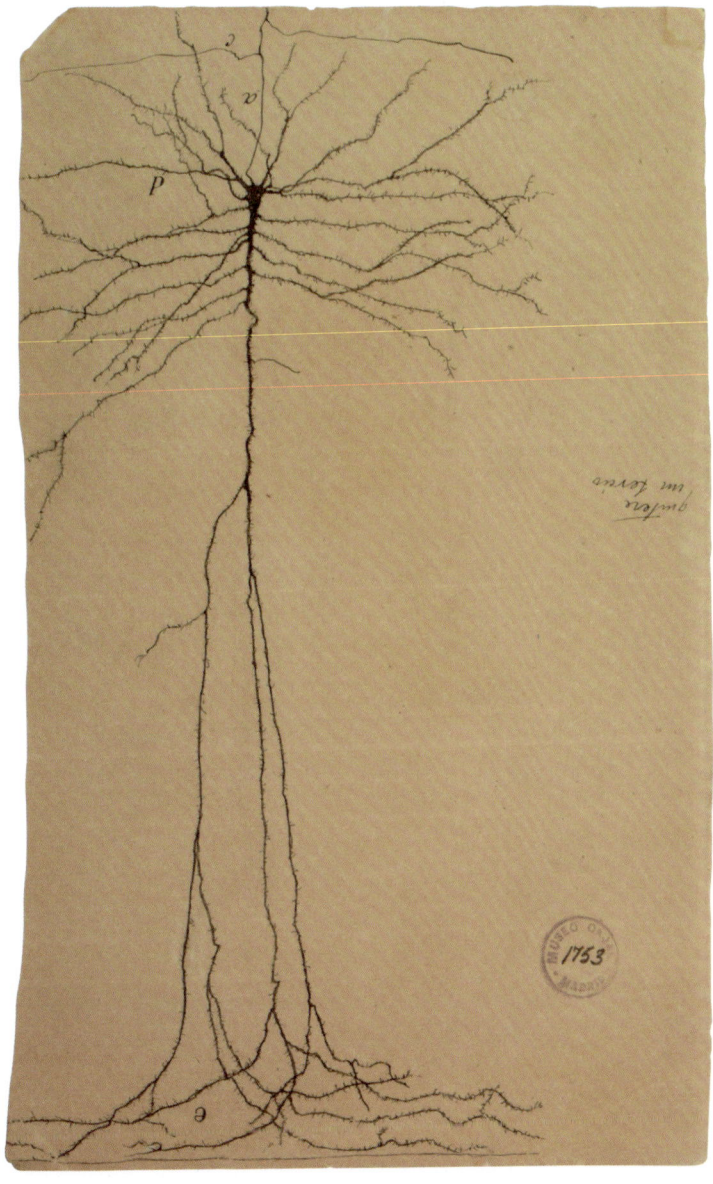

Santiago Ramón y Cajal, *Pirámide gigante profunda de la circunvalación frontal ascendente del hombre,* tinta china sobre papel. Legado Cajal-CSIC

1900-1906

En el Congreso Internacional de Medicina de París de 1900, Cajal recibe el Premio Moscú a la mejor publicación de investigación médica de los últimos tres años. En España se inicia un movimiento de opinión en la prensa pidiendo que se faciliten medios a Cajal para que pueda avanzar en sus investigaciones, y el Gobierno crea el Laboratorio de Investigaciones Biológicas, que pone bajo su dirección. Ese mismo año publica la que resulta ser una fuente fundamental para su estudio biográfico: *Recuerdos de mi vida. Mi infancia y juventud,* que completará en 1917 con *Historia de mi labor científica.* Aumenta su reconocimiento nacional e internacional, que alcanza su punto álgido en 1906 con la obtención del Premio Nobel.

ÉXITOS ACADÉMICOS

Santiago Ramón y Cajal obtiene su primer gran éxito académico internacional en 1889, en Alemania, cuando convence a Kölliker de sus hallazgos. En 1894 la Royal Society de Londres le encarga la lección inaugural del curso y la Universidad de Cambridge lo nombra doctor *honoris causa.* Será el primero de muchos.

A partir del reconocimiento en el extranjero, Cajal adquiere visibilidad pública en España. En 1900 obtiene en París el Premio Moscú y se crea el Laboratorio de Investigaciones Biológicas. En 1905 recibe la Medalla Helmholtz en Alemania y en 1906 el Premio Nobel de Fisiología o Medicina.

MONOLOGO FOTOGRAFICO

DOOTOR DON SANTIAGO RAMÓN Y CAJAL

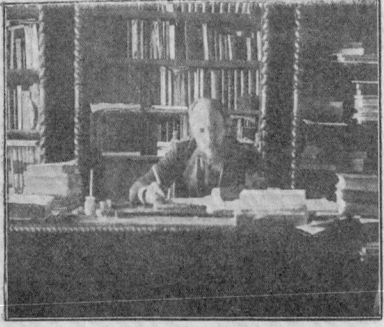

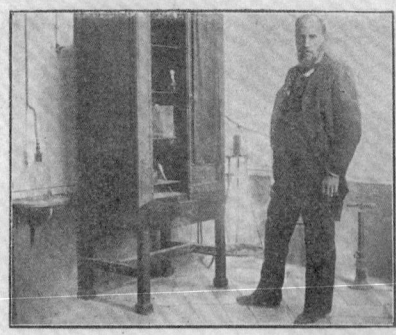

1. ¿Desea usted noticias para NUEVO MUNDO sobre las aguas del Lozoya? Con mucho gusto. En redactar el informe me ocupaba.

3. Vea usted uno de los gabinetes de operaciones que tenemos en un Carlos. Una estufa para el cultivo.

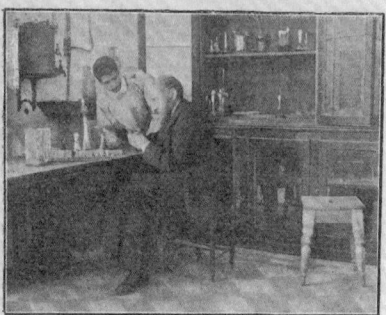

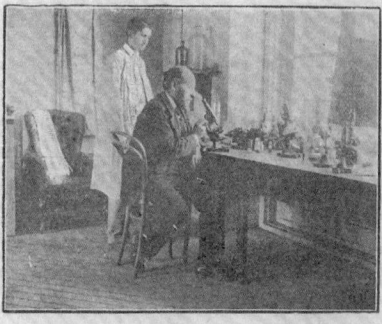

3. La operación que estoy practicando es una de las más esenciales en los análisis bacteriológicos, pero no hay peligro de contagio.

4. Cuando lo trabajo con el microscopio me abstraigo por completo. Este aparato es el más moderno que usamos en las investigaciones.

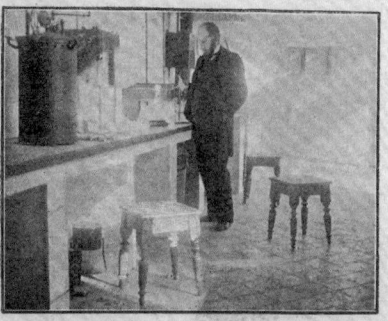

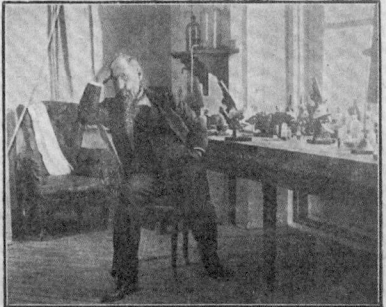

5. Pasemos al gabinete de histoquimica. Se halla bien dotado de aparatos. En la cuestión de material soy intransigente.

6. ¿Mi opinión concreta? Que en las aguas por mí analizadas del Lozoya y de los antiguos viajes, no existen microbios nocivos á la salud pública.

«Monólogo fotográfico. Doctor Don Santiago Ramón y Cajal», *Nuevo mundo*, 4-10-1899

ESPAÑOLERIA ANDANTE

(APUNTES DE **M.** DE **C.**

EL SABIO EN SU RINCÓN.—Comedia muy famosa y muy española, pero del teatro antiguo. Papel muy interesante y de los que hacen ganar para con Dios, pero muy impropio de los tiempos modernos.

Estos días andan por París, recogiendo toda suerte de honores y loores, Virchow y Lister, glorias de la ciencia universal, que no solamente de la ciencia alemana y de la ciencia inglesa. Nuestro Ramón y Cajal no ha ido al emporio de la cultura presente quizás por no hallarse muy sobrado del *nervio de los viajes*, que es el mismo nervio que se denomina también *nervio de la guerra*. (Y perdona el doctor que yo me meta a hacer pinitos en histología.)

Ramón y Cajal continúa trabajando en Madrid, y A su hotelito de los Cuatro Caminos --un hotelito sin concluir, por falta del *nervio de las edificaciones*-- ha ido á sorprenderle la grata cuanto honrosa noticia de haberle otorgado el Congreso Médico Internacional el premio de seis mil francos de la facultad de medicina de Moscú. Por añadidura, dicho Congreso, reunido á la sazón en París, ha acordado tener su próxima reunión en Madrid el año de 1903.

Nosotros lo tomamos con calma; pero Europa no Fins se empeña en europeizarnos. Pues que la montaña no va hacia Mahoma, Mahoma viene hacia la montaña. Y hay que disponerse – siguiendo la metáfora– a recibir digna y cumplidamente al *anású*.

Mi querido é ilustrado amigo el Dr. Muñoz (D. Antonio) visitó ayer al Dr. Ramón y Cajal, y entre las cosas interesados que éste le dijo y aquél repite en un artículo del *Heraldo*, figura una amarga confesión del gran biólogo:

–Muchos quieren venir porque se figuran que yo tengo un material de laboratorio enorme, y he tenido que contestar á algunos rusos, ingleses, etc., que no podía darles la enseñanza que solicitaban de mí, y que no vinieran de ningún modo, como querían. España para estar á mi lado estudiando algunos meses.

Es decir, que «el rincón del sabio» no está tan *presentable* como merece la alteza del investigador y como supone la admiración de los extraños... El Estado es eminentemente egoísta; pero, *por eso mismo*, ¿se enterará de una vez de que ciertos gastos son fecunda é inmediatamente reproductivos?

Hay que hacerlos presto y bien, y archivar *El sabio en su rincón*: conedia muy castiza, pero mandada recoger; papel muy honesto y decoroso, pero muy deslucido y nada práctico en nuestros días.

EN HONOR DE UN SABIO

La carta que los profesores del Colegio de San Carlos han dirigido a su ilustre compañero el catedrático de Histología dice así:

Excmo. Sr. D. Santiago Ramón y Cajal.

Nuestro muy amando amigo y compañero: La medalla Helmholtz, que la Real Academia de Ciencias de Berlín os ha adjudicado en el presente año, señala un nuevo acto de la justicia en que se ha inspirado aquella sabia Sociedad premiando y enalteciendo el verdadero mérito de uno de los grandes hombres que honran la Humanidad.

Pero si con profunda convicción creemos y proclamamos que quienes, como vos, elevan su espíritu á los espacios del genio han de ser considerados como ciudadanos de todos los países cultos, y en tal concepto enaltecidos, séanos permitido á los españoles más honda emoción por vuestro grande triunfo y gratitud perdurable á la ilustre Academia de Berlín.

Y séanos permitido á los compañeros vuestros de esta querida Facultad de Medicina de Madrid, heredera de los timbres gloriosos del Colegio de San Carlos, apropiarnos, sin de él desposeeros, el alto honor que habéis recibido; porque sois, con razón, entre nosotros el hermano amado y venerado; porque vuestro nombre, aquí y en el Extranjero, acrisola y abrillanta el prestigio médico español; porque todos nosotros, con vuestra personalidad, vivimos en la misma casa, respiramos la propia atmósfera, compartimos en la enseñanza las mismas alegrías y molestias y, sobre todo, educamos la misma lucida, bulliciosa y sensata juventud.

Y después de honrarnos con vuestro triunfo, permitid que todos os felicitemos desde el fondo del corazón y que consideréis el abrazo fraternal que os enviamos como la más sincera y cariñosa expresión de quienes ruegan á la Providencia conserve vuestra preciosa vida.

Madrid, 10 de Marzo de 1905.-Firman todos los catedráticos de la Facultad de Medicina.

Mariano de Cavia, «Españolería andante», *El imparcial*, 10-08-1900

«El honor de un sabio», *Heraldo de Madrid*, 14-03-1905

HONORES ARAGONESES

Desde muy temprano Ramón y Cajal fue reconocido por diversas instituciones aragonesas. En 1885, con motivo de una epidemia de cólera, la Diputación Provincial de Zaragoza le encargó un estudio por el cual le regaló un magnífico microscopio Zeiss, con lo que «cooperó eficacísimamente a mi futura labor científica», escribió el propio Cajal. En 1900 la misma corporación le concedió el título de Hijo Ilustre y Predilecto de la provincia. En 1901 el Ayuntamiento de Zaragoza le dedicó la primera calle en el mundo que lleva su nombre y en 1905 lo nombró Hijo Adoptivo. Los estudiantes de Medicina le regalaron una placa con motivo de la concesión del Nobel y diversos organismos, así como numerosos centros aragoneses repartidos por el mundo, lo nombraron socio de honor.

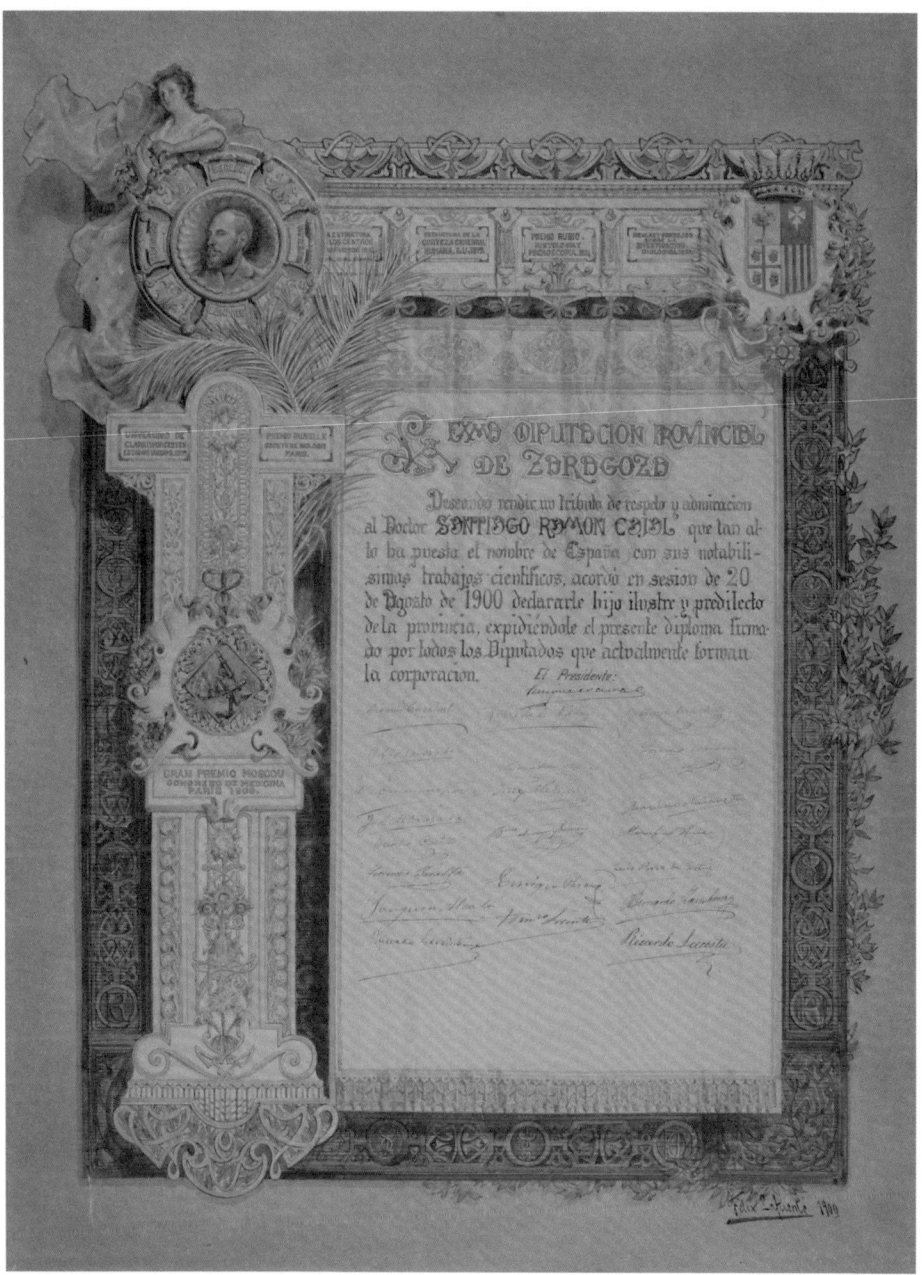

Diploma de nombramiento de Hijo Ilustre y Predilecto de la provincia de Zaragoza, 1900

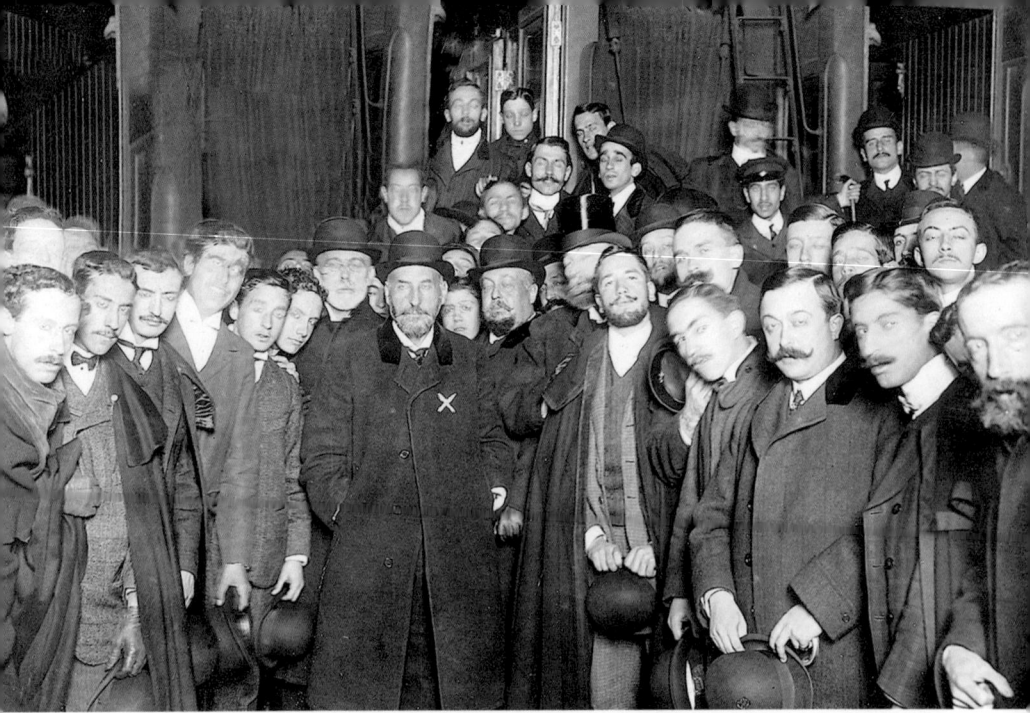

Despedida organizada por los estudiantes madrileños en honor del eminente sabio Dr. Ramón y Cajal, en la estación del Norte, de donde salió hacia Estocolmo para recoger el premio Nobel de Medicina, 1906

EL PREMIO NOBEL

El sábado 27 de octubre de 1906, las ediciones de tarde de la prensa anunciaban la llegada de un telegrama desde Estocolmo en el que se decía que el Premio Nobel de Fisiología o Medicina había sido concedido al español Santiago Ramón y Cajal y al italiano Camillo Golgi. Estudiantes, profesores, médicos, asociaciones e instituciones del más diverso tipo extendidas por toda la geografía española protagonizaron las celebraciones. Los estudiantes pidieron que se cambiara en Madrid el nombre de la calle Atocha por Doctor Cajal. La comisión de notables propuso acuñar una medalla conmemorativa, financiada por suscripción popular,

obra de Benlliure, que llevaba la inscripción «Al mérito científico por el Premio Nobel... Los españoles amantes del progreso».

El 1 de diciembre partió para Estocolmo, despedido por una multitud de estudiantes, y el día 10 recibió el galardón. Permaneció unos días en Suecia, impartiendo conferencias y asistiendo a recepciones oficiales. De Suecia se trajo una impresión extraordinaria del país, de sus autoridades y sus colegas, y una irritada decepción con Golgi, quien «hizo gala de una altivez y egolatría tan inmoderadas, que produjeron deplorable efecto en la concurrencia».

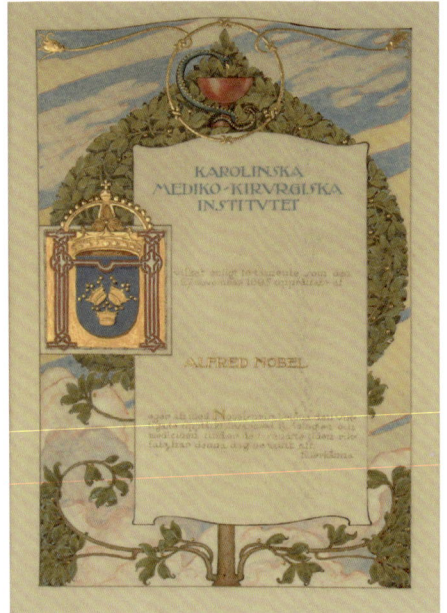
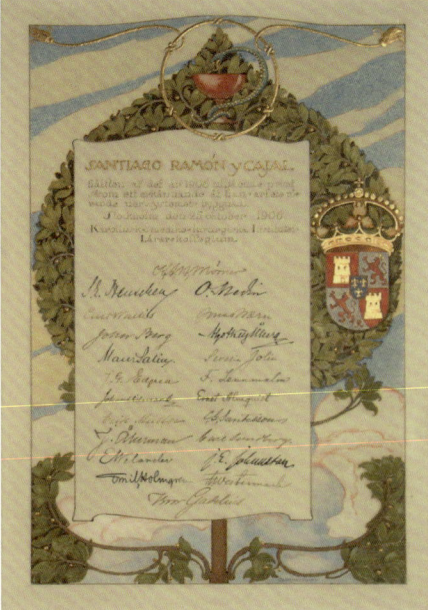

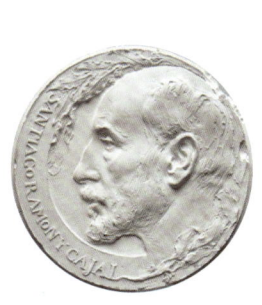
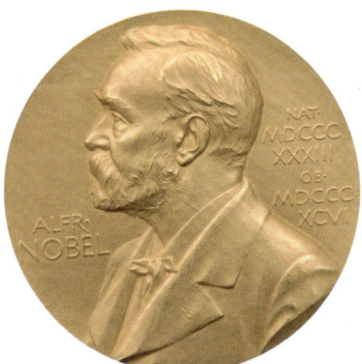
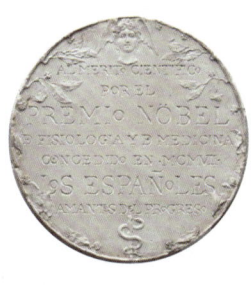

Diploma y medalla del Premio Nobel de Fisiología o Medicina otorgados
por la Real Universidad Médico-Quirúrgica Carolingia, Estocolmo, Suecia,
a Santiago Ramón y Cajal, 1906

Mariano Benlliure, *Medalla conmemorativa al mérito científico
por el Premio Nobel*, 1907

con el número 46 de la calle de Valverde, salió al portal una mujer.

Rápidamente, sin que pudieran defenderse de la inesperada agresión, la mujer arrojó al rostro del Magistrado un bote de hoja de lata, que contenía un líquido corrosivo, el vitriolo.

El Sr. Ortega Morejón lanzó un grito de dolorosa sorpresa al sentir las quemaduras del vitriolo, y mientras varios transeúntes que acudieron le condujeron á la Policlínica del

Refugio, el alguacil Trejillo corrió en persecución de la agresora.

A pesar de que el Sr. Ortega Morejón sufría también algunas quemaduras, consiguió detener á la autora del atentado, llevándola á la Comisaría correspondiente del Hospicio.

Después de prestada la primera cura, el Sr. Ortega Morejón fue conducido á su domicilio. Sufría grandes quemaduras en la cara y en el pecho, también en las manos tenía profundas señales del corrosivo líquido.

Sabiendo las simpatías que cuenta en todas las clases sociales, el que fue Juez de instrucción del distrito del Hospicio, no necesitamos decir que desfilaron por su domicilio infinidad de personas.

La agresora resultó ser una mujer de larga historia, llamada Isabel Sánchez, que no hace mucho había intentado estafar al Médico señor Palancar, causándole algunas lesiones en la cabeza.

En este proceso, intervino como Juez el señor Ortega Morejón, y cuando la Audiencia condenó á Isabel Sánchez, ésta hizo juramento de vengarse.

Isabel representa 40 años, tiene pelo negro, es muy nervosa, facciones vulgares, baja de estatura y de abundantes carnes.

El triunfo de un sabio español

Los pesimistas, los que anteponiendo los egoísmos personales al interés patriótico, han dudado y dudan de la vitalidad asombrosa de nuestra raza, reciben un curo castigo, una merecida lección, con el gran triunfo que el catedrático Ramón y Cajal acaba de obtener fuera de España.

Es dos grandes manifestaciones del progreso humano se ha hecho justicia á la intelectualidad española; fue primero premiado el insigne Echegaray por su labor estupenda como dramaturgo y poeta; lo es ahora Ramón y Cajal por sus descubrimientos en una ciencia nueva, ingrata y desconsoladora que tiene en el mundo muy escasos cultivadores.

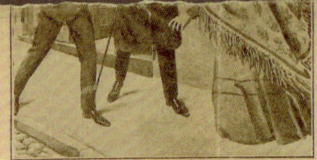

D. José Ortega Morejón

Una mujer arroja un bote de vitriolo en la cara al magistrado Sr. Ortega Morejón.

Un telegrama de Stokolmo comunicó la fausta noticia de que el premio Nobel, fundado por el famoso ingeniero de este nombre, que descubrió la dinamita, había sido adjudicado este año á dos sabios maestros de Histología: el italiano Golgi, catedrático de la Universidad de Pavía, y nuestro ilustre compatriota Ramón y Cajal.

Los descubrimientos para la medicina y la cirugía, pueden afirmarse que el microscopio, observación del mundo de lo infinitamente pequeño, de los microbios y de las células embrionarias, ha de transformar el concepto general de la vida.

En términos vulgares, la sorpresa más viva que nos han proporcionado los histólogos, es

El nombre de Ramón y Cajal es de fama europea; en la ciencia que describe y analiza los tejidos orgánicos ha llegado al dominio de los espíritus superiores.

Sin mencionar la importancia que tienen sus descubrimientos, consignados en sus valiosas monografías, ha recibido la sanción de los sabios extranjeros.

la de precisar en el cerebro una célula, una localización, para cada idea, cada pensamiento del hombre.

La palabra, la acción, todos los movimientos del cuerpo, hasta los involuntarios ó reflejos, obedecen, como si dijéramos, á un modo automático, á las funciones orgánicas del cerebro. Y este es el descubrimiento más sorprendente de la ciencia nueva.

Asombra verdaderamente, dice un biógrafo, la serie de trabajos publicados en revistas extranjeras; causa maravilla la suma de estudio que representa la labor realizada sobre el cadáver con el microscopio por el Sr. Ramón y Cajal.

Llamado Cajal á Inglaterra para inaugurar el curso de la Sociedad Real de Ciencias de Londres, marchó á esta capital, y en dicha sociedad pronunció el 6 de Marzo de 1894, el discurso de apertura. Al día siguiente recibió con gran ceremonia la investidura de doctor honorario de la Universidad de Cambridge.

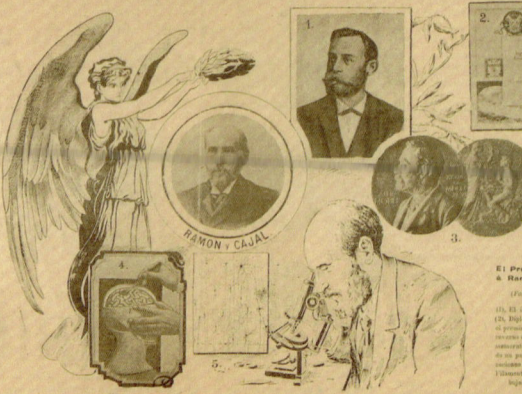

Ramón y Cajal.

El Premio Nobel á Ramón y Cajal.

(Fot. Napoleón.)

(1). El ingeniero Nobel — (2). Diploma acompañado al premio — (3). Anverso y reverso de la medalla conmemorativa. — (4). Marcas en un punto de las inspiraciones del cerebro — (5). Elementos nerviosos de los trabajos por Cajal.

EL PREMIO NOBEL
RAMÓN Y CAJAL
POR TELÉGRAFO
(DE NUESTRO CORRESPONSAL ESPECIAL)
Roma 26 (8 noche)

Comunica un telegrama de Stokolmo que el premio Nobel de este año ha sido adjudicado al insigne español Ramón y Cajal y al italiano Golgi.

Este es autor de muchas y famosas obras de histología, y catedrático de la Universidad de Pavía. Nació en 1843.

TEDESCHI.

Hace pocos años aún España supo con sorpresa que tenía entre sus hijos un sabio. No se dudó de la noticia, porque venía acompañada de la sanción extranjera. Fue preciso que en las Academias y en las Universidades de Inglaterra, de Alemania y de los Estados Unidos se proclamara digno de toda admiración el nombre de Ramón y Cajal para que en España nos sintiéramos obligados á declararle insigne á ponerle por encima de nuestros desdenes y olvidos tradicionales.

Ahora la Academia de Stokolmo, que otorga el premio Nobel, ha tributado nuevo acatamiento á los méritos singulares del histólogo español, consignando su nombre en la lista de los sabios, los descubridores, los inventores, los literatos y los bienhechores de la humanidad que alcanzaron ya el honor de compensar con su gloria, ganada en las artes de la paz, la gloria trágica y sangrienta de aquel alquimista de nuestra edad, que encontró un día, en el fondo de su laboratorio, la terrible dinamita, que despeja las montañas y que de vez en cuando hace estremecer de espanto á los pueblos.

Entre los sabios honrados ya con el premio Nobel, pocos como Cajal podrán redimir á aquel genio del bien y del mal de haber puesto en manos del hombre una tan avasalladora fuerza, porque Cajal, con su bisturí y su microscopio, es un gran servidor de la Vida, un buscador insaciable de los misteriosos secretos del organismo humano. Como castizo y bien español, comenzó sus luchas de joven haciendo versos; luego, pasada la mocedad, encontró la íntima y suprema poesía que la Naturaleza ha encerrado en lo infinitamente pequeño, en la célula, en los haceciellos de nervios, en los tejidos sutiles que forman la corteza cerebral, en cuya pequeñez se enjendra el pensamiento humano: esta otra suerte de dinamita que ha movido las guerras y forjado las revoluciones y arrasado á unos pueblos y engrandecido á otros, creando sobre los azares de estas luchas toda nuestra civilización presente.

Así, pocos como Cajal han merecido más justamente el premio Nobel. Su modestia no se inquietará mucho con ello; mas aún que para él, que tan merecidamente la ha ganado, ésta es hora para España.

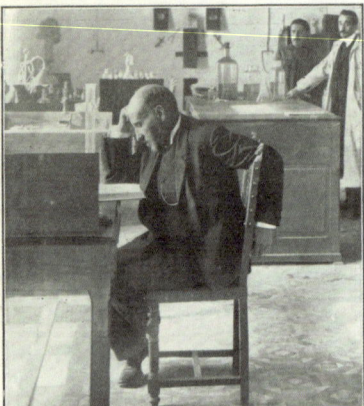

Don Santiago Ramón y Cajal

Ramón y Cajal en su laboratorio del Museo Velasco.

Ha producido entusiasmo en toda España la concesión que se ha hecho á la Academia de Stokolmo del premio Nobel en favor del insigne histólogo español D. Santiago Ramón y Cajal. La justicia que informa siempre las decisiones de los sábios encargados por el gobierno sueco de conceder su mandato, á designar á nuestro sabio para tan alta distinción, ha respondido á sus buenas principios, premiando el talento, la actividad, el trabajo de quien, hoy que le llena la herida que un hálago, como ayer cuando el vulgo desconocía su nombre y sus méritos, ha vivido siempre vida silenciosa, sin los vanos estímulos de la popularidad, en el agrado de su familia, en la comunión intelectual de la cátedra y en el ambiente frío y sereno de su ciencia.

Nuestro Museo felicita al egregio español por tan merecida recompensa, sumando su aplauso al de toda España.

Selección de prensa nacional, 1906

1907-1922

En 1907 se crea la Junta para Ampliación de Estudios e Investigaciones Científicas, de la que Cajal es nombrado presidente, e ingresa como académico de número (sillón n.º 34) en la Real Academia de Medicina. Cajal asume en estos años diversos cargos, en su compromiso con la ciencia y la sociedad española, y publica libros fundamentales como *Histologie du système nerveux de l'homme et des vertébrés,* en 1911, edición francesa renovada de la española de 1904.

EL GRAN SABIO POPULAR

El año 1906 no fue solo el del Premio Nobel, sino aquel en el que Cajal estuvo más cerca de ceder a la tentación política, pues, según cuenta él mismo, poco le faltó para asumir el cargo de ministro de Instrucción Pública y Bellas Artes, que le ofreció su amigo Segismundo Moret.

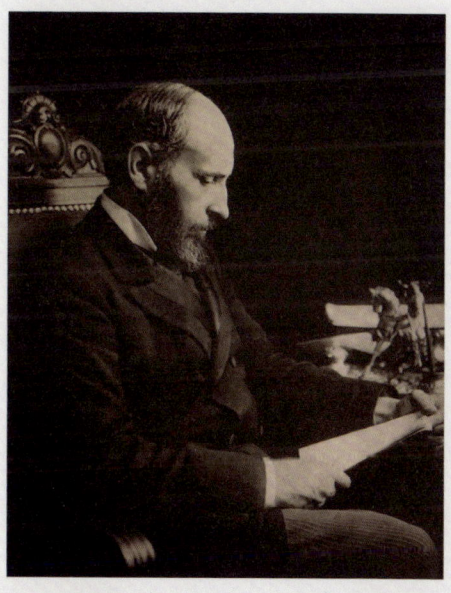

Fue un hombre comprometido con su tiempo y no solo un gran científico. Regeneracionista en acción tras el 98, fue después un impulsor de la modernización de España a través de la política educativa y de investigación. En esos ámbitos asumió múltiples cargos públicos: consejero de Instrucción Pública desde 1898, director del Instituto de Higiene de 1899 a 1920, director vitalicio del Laboratorio de Investigaciones Biológicas (Instituto Cajal a partir de 1920) desde su creación en 1900, presidente de la Junta para Ampliación de Estudios e Investigaciones Científicas desde su arranque en 1907 hasta su fallecimiento y senador desde 1908.

CAJAL ESCRITOR

Además de sus destacados logros científicos, Santiago Ramón y Cajal dejó una huella significativa en el ámbito literario. Sus escritos abarcan una amplia gama de géneros y temáticas, demostrando su versatilidad como autor. En *Cuentos de vacaciones,* Cajal nos sumerge en narraciones que van desde lo fantástico hasta lo científico, combinando su imaginación con su conocimiento científico. Asimismo, exploró el tema de la percepción y la visión en *La fotografía de los colores.* Sus obras autobiográficas, como *Recuerdos de mi vida* y *El mundo visto a los 80 años,* revelan sus experiencias y reflexiones personales. Estos escritos brindan una mirada única a la vida y obra de Cajal, permitiéndonos comprender sus motivaciones e inspiraciones. En *Charlas de café,* Cajal expone pensamientos, anécdotas y confidencias que define como «reacciones circunstanciales, inconsistentes, variables con el humor del momento y el espíritu del ambiente». A través de estas obras, Cajal demostró su habilidad para combinar su rigor científico con una prosa cautivadora y creativa.

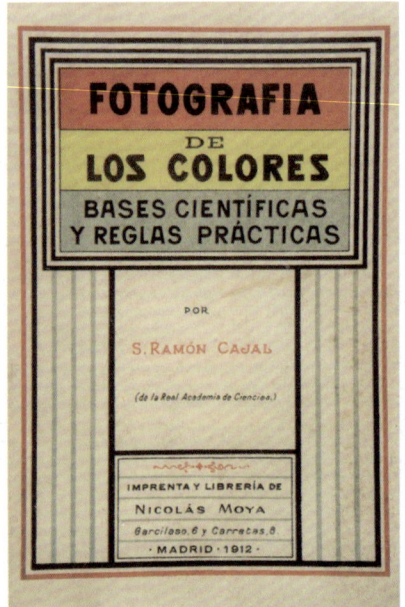

La fotografía de los colores, 1912

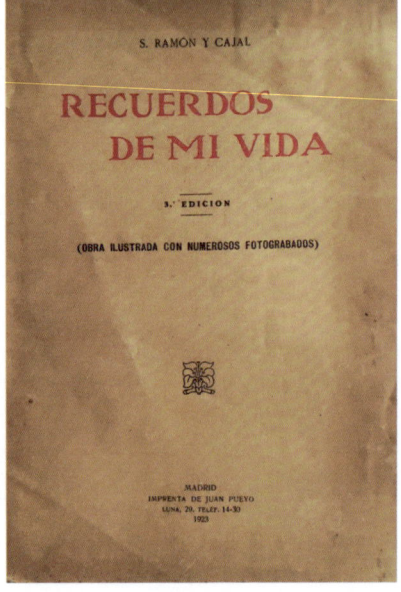

Recuerdos de mi vida, 1923

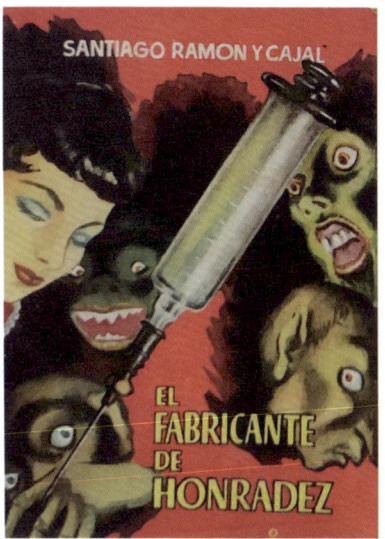

El fabricante de honradez. Cuentos de
vacaciones, 1905.
[Ediciones pulga, 1953-1958]

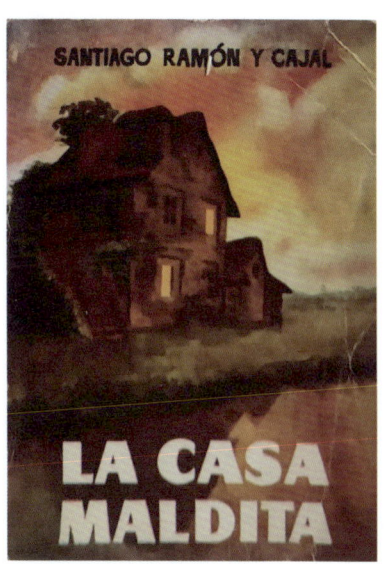

La casa maldita. Cuentos de
vacaciones, 1905.
[Ediciones pulga, 1953-1958]

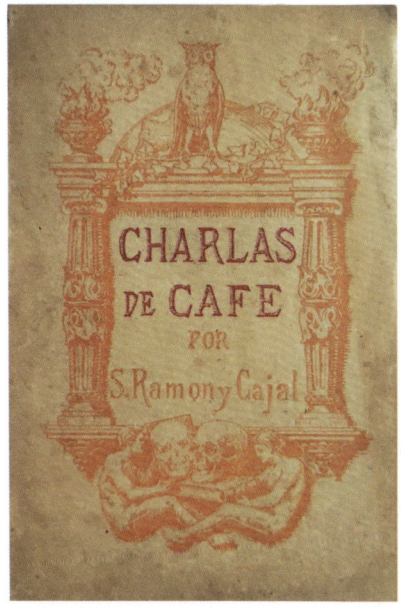

Charlas de café, 1920. 2.ª edición, 1922

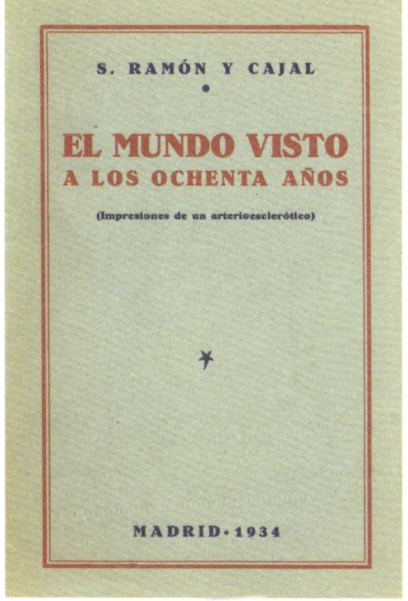

El mundo visto a los ochenta años.
Impresiones de un arterioesclerótico, 1934

LA ESCUELA DE CAJAL

> *La más pura gloria del maestro consiste, no en formar discípulos que le sigan, sino en formar sabios que le superen.*

Santiago Ramón y Cajal formó una Escuela extraordinaria, posiblemente la más relevante de la historia de la biomedicina, que malogró la Guerra Civil. ¿Dónde estaría la ciencia española ahora si se hubiera podido continuar la tradición de su Escuela? ¿Y si hubiera recaído un segundo Premio Nobel en Río Hortega, De Castro o Lorente de Nó? El Programa Memoria del Mundo de la Unesco reconoce el legado de Cajal y el de su Escuela, algo reservado a escasísimos científicos, y determinó en 2017 que «estos archivos son esenciales para el estudio de la historia de los descubrimientos y teorías que condujeron a la comprensión actual del cerebro humano en un doble aspecto, la composición anatómica (células individuales) y las propiedades fisiológicas (la formación de circuitos y la propagación del impulso nervioso)».

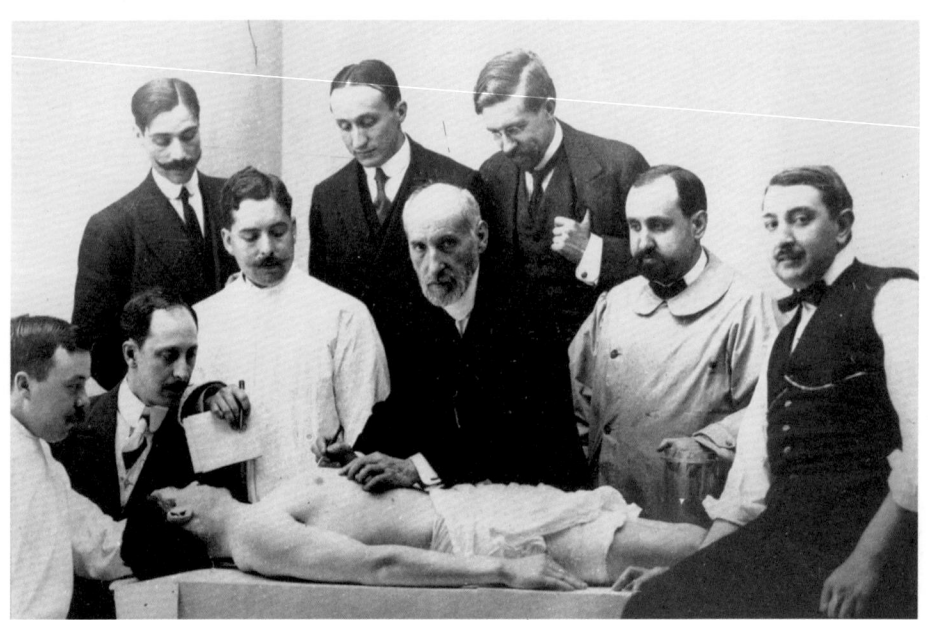

Alfonso Sánchez García, *Clase de disección de Santiago Ramón y Cajal*, 1915

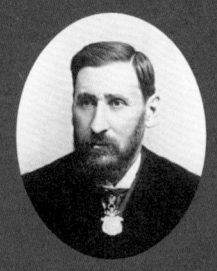

Pedro Ramón y Cajal
(1854-1950)

Su figura es fundamental en la trayectoria de su hermano Santiago. No podemos considerarlo un discípulo directo, sino más bien un estrecho colaborador. Mientras ejercía como médico rural, realizó investigaciones muy relevantes sobre histología comparada del sistema nervioso de peces, anfibios, reptiles y aves que resultaron fundamentales para Cajal, quien afirmó: «En las conclusiones de mi trabajo, describí en detalle la ruta que la corriente visual toma, confirmando las opiniones de mi hermano». Fue catedrático de Histología en la Universidad de Cádiz (1896) y, posteriormente, de Ginecología en la Universidad de Zaragoza (1899). Pese a que siguió haciendo investigación neurohistológica hasta después de la Guerra Civil, su principal dedicación era asistencial.

Jorge Francisco Tello
(1880-1958)

Natural de Alhama de Aragón (Zaragoza), fue el primer investigador que se incorporó al Laboratorio de Investigaciones Biológicas, en 1902, convirtiéndose en el primer miembro de la Escuela de Cajal. Fue el primer científico en demostrar que el sistema nervioso central de un individuo adulto puede regenerarse, algo que Cajal definió como «una hazaña experimental jamás igualada por nadie». Tras la jubilación y fallecimiento de Cajal, le sustituirá en sus principales cargos académicos y de investigación.

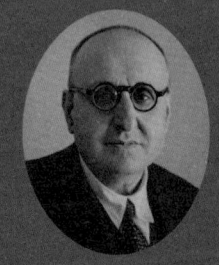

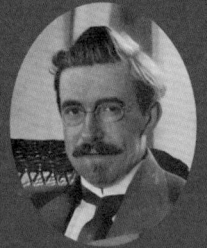

Nicolás Achúcarro
(1880-1918)

En 1911, tras formarse junto a los más distinguidos especialistas en neuropatología y neuropsiquiatría europeos, como Alzheimer, y dirigir el Government Hospital for the Insane (Washington D. C., EE. UU.), se incorpora al laboratorio de Cajal para abrir una nueva sección de histopatología. Desarrolla un método de tinción y estudia las células granuloadiposas. Sus resultados convencen a Cajal, quien lanza en 1913 el concepto de «tercer elemento» del sistema nervioso. Fue pionero en considerar que una mala función de las células de glía puede producir enfermedad sin existir un daño primario de las neuronas. Cae enfermo muy joven y fallece en 1918. Se trata de una pérdida enorme para Cajal y su Escuela, de la que estaba llamado a ser líder.

Pío del Río Hortega
(1882-1945)

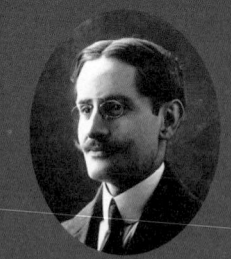

Mejora el método de tinción de Achúcarro y descubre que el «tercer elemento» está compuesto, en realidad, por dos tipos celulares diferentes de distinto origen: la microglía y los oligodendrocitos. Es, sin duda, uno de los descubrimientos fundamentales de la neurociencia y le valió nominaciones al Premio Nobel en 1929 y 1937. Dirigió el laboratorio de la Residencia de Estudiantes, fue nombrado jefe de la sección de Investigación del Instituto Nacional del Cáncer y realizó una clasificación de los tumores del sistema nervioso vigente hasta hace pocos años. Con la Guerra Civil se exilia y, tras pasar por Francia y Reino Unido, termina en Buenos Aires, donde deja grandes discípulos.

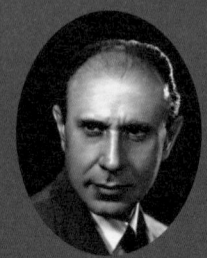

Fernando de Castro Rodríguez
(1896-1967)

Al caer enfermo Achúcarro, Cajal, conocedor de la destreza técnica del joven madrileño Fernando de Castro, lo incorporó como alumno interno en su cátedra. En el Instituto Cajal se encargó del aprendizaje de los investigadores nacionales y extranjeros que iban a formarse en técnicas neurohistológicas. Describió las bases de la inervación de la región cardio-aórtica e identificó por primera vez los quimiorreceptores, localizados en el *glomus caroticum*. Orientó a Corneille Heymans, tras sus visitas a su laboratorio, al estudio del *glomus caroticum* como centro de los reflejos quimiosensoriales; por sus investigaciones el belga recibió el Premio Nobel en 1938, mientras De Castro custodiaba junto a Tello el Instituto Cajal en un Madrid en guerra.

Rafael Lorente de Nó
(1902-1990)

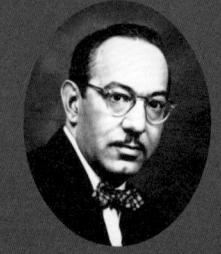

Siendo estudiante en Zaragoza llamó la atención de Pedro Ramón y Cajal, que lo recomendó a su hermano. En Madrid realizó una brillante descripción de la histología de los núcleos acústico-vestibulares que le dio fama internacional. Becado por la JAE, marchó al extranjero para trabajar con el matrimonio Vogt en Alemania y con el Premio Nobel Róbert Bárány en Suecia. En 1929 volvió a España para hacerse cargo de la jefatura del primer servicio de otorrinolaringología, en Santander, y montó un laboratorio de histología y fisiología. En 1931 partió definitivamente a Estados Unidos, primero al Central Institute for the Deaf y más tarde a la actual Rockefeller University. Realizó grandes descubrimientos; especialmente importantes fueron sus investigaciones sobre la organización funcional de la corteza cerebral y la fisiología del impulso nervioso. Fue nominado al Premio Nobel en 1949, 1950, 1952 y 1953.

LA ESCUELA DE CAJAL DEFINIDA POR ÉL MISMO EN 1922

Con motivo de la recepción de la Medalla Echegaray,
otorgada por la Real Academia de Ciencias

Pedro Ramón y Cajal (1894-1918)	Sánchez y Sánchez [Manuel] (1916-1919)
Claudio Sala i Pons (1892-1894)	Fernando de Castro Rodríguez (1916-1922)
Carlos Calleja y Borja-Tarrius (1893-1897)	Nicolás Achúcarro Lund (1911-1915)
Isidoro Lavilla (1887-1897)	José Miguel Sacristán (1912-1913)
Ramón Terrazas (1896-1897)	Luis Calandre Ibáñez (1913)
Tomás Blanes Viale (1898)	Miguel Gayarre Espinel (1912-1914)
Federico Olóriz Ortega (1897)	Pío del Río Hortega (1913-1922)
Jules Havet (1898-1916)	Jorge Ramón Fañanás (1912-1918)
Eduardo del Río Lara (1900-1910)	Galo Leoz Ortín (1912-1913)
Rafael Forns (1903)	Lorenzo Ruiz de Arcaute (1912-1913)
Jorge Francisco Tello Muñoz (1903-1921)	Laura Forster (1911)
Domingo Sánchez Sánchez (1904-1920)	Manuela Serra (1921)
Manuel Márquez Rodríguez (1898-1901)	Mariano Górriz (1921)
Gonzalo R. Lafora (1910-1916)	José M.ª Villaverde y Larraz (1920-1921)

1922-1934

El 1 de mayo de 1922 Cajal se jubila al cumplir los setenta años. El 23 de agosto de 1930 fallece su esposa Silveria. Cajal sigue viviendo con su hija Fe, enviudada. Desde entonces, los otoños los pasa en Zaragoza, en la casa de su hermano Pedro, en la calle Costa, cuidado por sus hermanas. En 1933 publica su obra *¿Neuronismo o reticularismo? Las pruebas objetivas de la unidad anatómica de las células nerviosas,* considerado su testamento científico. Fallece al año siguiente con ochenta y dos años.

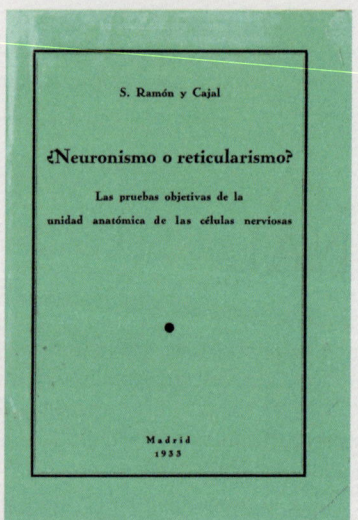
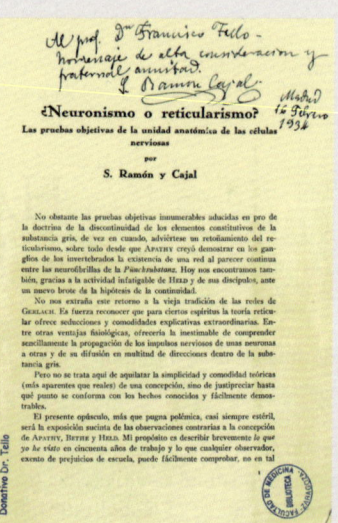

¿Neuronismo o reticularismo? Las pruebas objetivas de la unidad anatómica de las células nerviosas, Madrid, *Archivos de Neurobiología,* 1933. Ejemplar dedicado a Francisco Tello por el propio Cajal. Biblioteca de la Universidad de Zaragoza

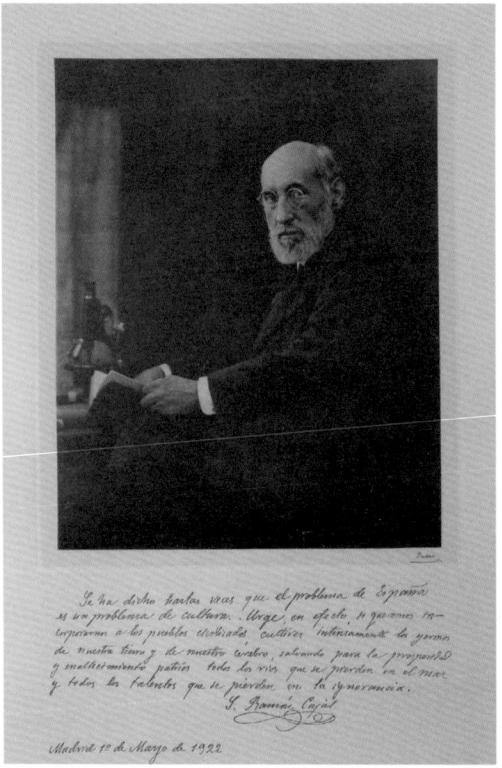

José Padró, *Retrato oficial de Cajal en el día de su jubilación. Realizado con motivo de este acontecimiento el 1 de mayo de 1922 en Madrid*, 1922. Colección Universidad de Zaragoza

HACIA
EL FINAL

A partir de 1894 Santiago Ramón y Cajal fue un personaje cada vez más popular en España. Extrañamente, era alguien cuya fama se había labrado en el extranjero, lo que le daba inmunidad ante posibles envidias locales. El Premio Moscú y luego el Nobel multiplicaron y democratizaron esa notoriedad, hasta entonces centrada en la academia, la prensa y las esferas oficiales. Pero fue con ocasión de la jubilación en 1922 cuando cayó sobre él «un chaparrón de distinciones y agasajos», en sus propias palabras. En los últimos años mantuvo su actividad, aunque fue decayendo progresivamente. Murió el 17 de octubre de 1934, en un momento trágico de la vida española y su entierro fue, acaso, la última ocasión en que se reunieron, alrededor de un símbolo común, personas que después se enfrentaron dramáticamente en la Guerra Civil.

Para homenajear a Cajal con motivo de su jubilación, la Universidad de Zaragoza encarga a Mariano Benlliure, a comienzos de 1922, una estatua de Ramón y Cajal que debía presidir la escalera principal del Paraninfo. Se acuerda sufragarla por suscripción popular. Cuando ya había avanzado en su trabajo, Benlliure le dice al rector Royo Villanova: «En la estatua del gran Cajal he puesto toda mi alma de artista para hacer una obra digna de la gran figura que representa» y describe a Cajal como colaborador y entusiasta. El 1 de octubre, al inaugurarse el curso, se instala en su actual emplazamiento un modelo de yeso, que después se retira para hacer la obra definitiva en mármol. Cajal no puede acudir al acto de presentación, pero envía dos textos para ser leídos. En febrero de 1925 se coloca la estatua definitiva en un acto presidido por el rey Alfonso XIII. El Archivo Universitario conserva gran cantidad de documentación y correspondencia de este homenaje.

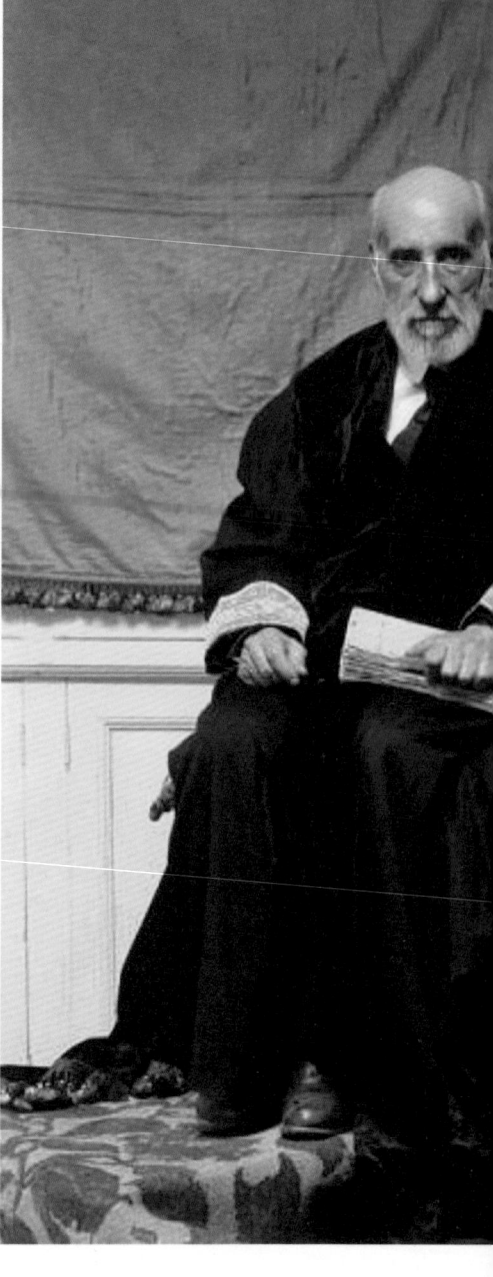

Santiago Ramón y Cajal en el estudio de Mariano Benlliure posando para la maqueta de la estatua que presidirá la escalera del Paraninfo de la Universidad de Zaragoza, 1922

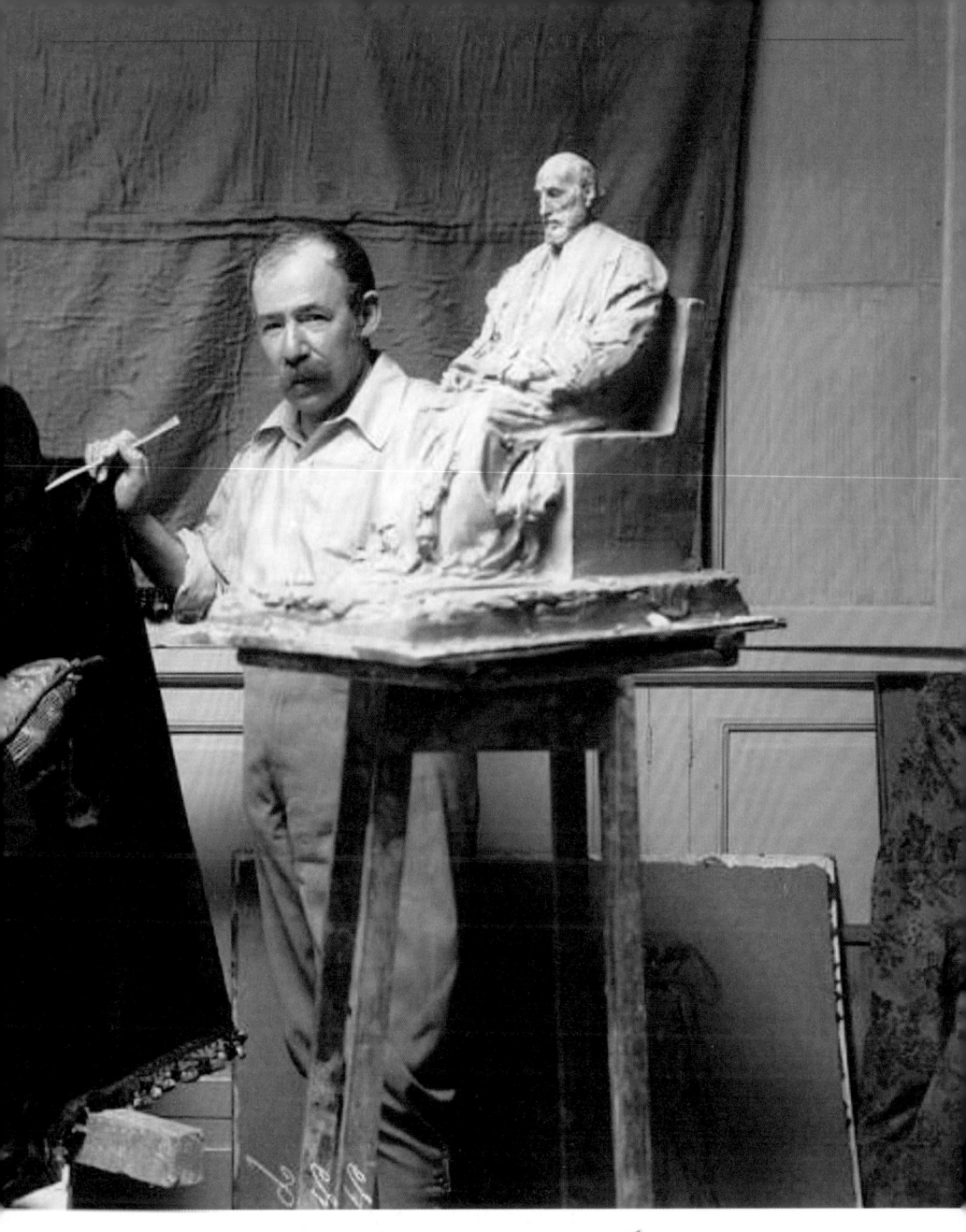

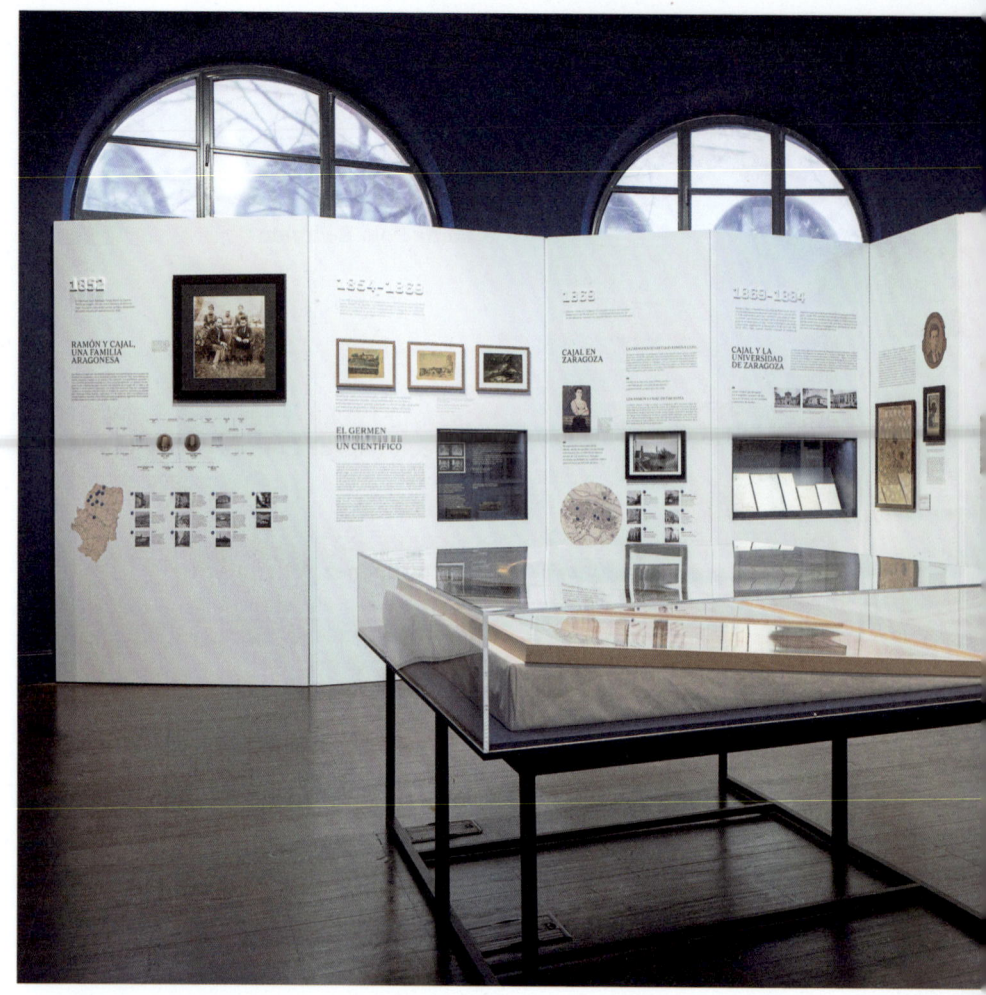

Espacio Cajal
Exposición
permanente

Edificio Paraninfo
Universidad
de Zaragoza

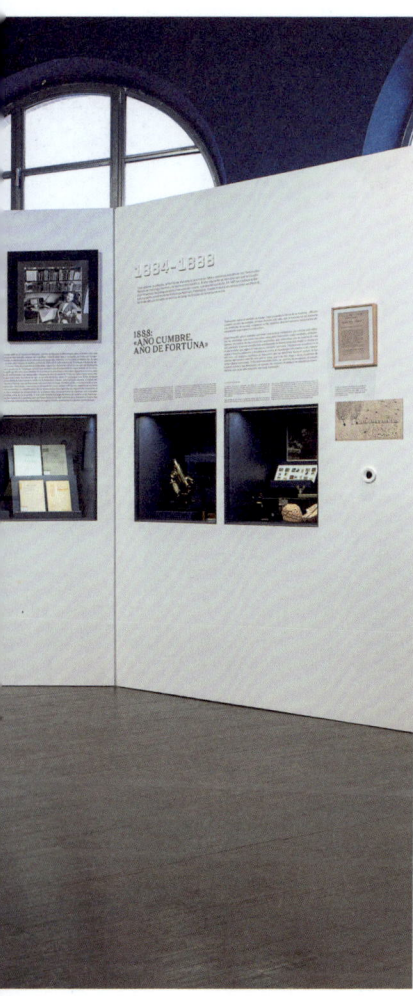

UNIVERSIDAD DE ZARAGOZA

RECTOR MAGNÍFICO
José Antonio Mayoral Murillo

VICERRECTORA DE CULTURA
Y PROYECCIÓN SOCIAL
Yolanda Polo Redondo

———

EDICIÓN
**Prensas de la Universidad de Zaragoza
Vicerrectorado de Cultura y Proyección
Social**

DIRECCIÓN CIENTÍFICA
Alberto Jiménez Schuhmacher

COORDINACIÓN
María García Soria

COORDINACIÓN ADJUNTA
Clara Salvador Martín

DISEÑO Y MAQUETACIÓN
12caracteres

FOTOGRAFÍAS
**Legado Cajal-CSIC
Familia Pedro Ramón y Cajal
Universidad de Zaragoza**

IMPRESIÓN
Calidad Gráfica

ISBN
979-13-87705-21-3

D. L.
Z 558-2025

RAMÓN y CAJAL

EN SU ALMA MATER